Direto ao Ponto

STEVE HARVEY

com *Denene Millner*

Direto ao Ponto

Como encontrar, segurar e entender *os homens*

Tradução
Elvira Serapicos

AGIR

Título original: Straight Talk, No Chaser

Editora Nova Fronteira Participações S.A.
Rua Nova Jerusalém, 345 – Bonsucesso – 21042 235
Rio de Janeiro – RJ – Brasil
Tel.: (21)3882 8200 – Fax: (21)3882 8212/8313

Texto revisto pelo novo Acordo Ortográfico.

CIP-Brasil. Catalogação na fonte
Sindicato Nacional dos Editores de Livros, RJ

H271d
Harvey, Steve
Direto ao ponto : como encontrar, segurar e entender os homens / Steve Harvey com Denene Millner ; tradução: Elvira Serapicos. – Rio de Janeiro : Agir, 2011.

Tradução de: Straight talk, no chaser : how to find, keep, and understand a man

ISBN 978-85-220-1240-4

1. Relações homem-mulher. 2. Homens – Psicologia. 3. Companheiro conjugal - Escolha. I. Millner, Denene. II. Título.

CDD: 306.7
CDU: 392.6

Este livro é dedicado à memória de minha querida mãe,

Eloise Vera Harvey,

que me ensinou a acreditar em Deus e a amá-Lo,

e de meu pai,

Jesse "Slick" Harvey,

cujo objetivo parecia ser o de me ensinar a ser um homem.

Essa combinação foi o que me impulsionou,

mesmo nos momentos mais difíceis...

Sinto muita falta deles. Espero que estejam orgulhosos.

SUMÁRIO

Introdução

Posso ouvir os saltos batendo no piso de cimento, aproximando-se cada vez mais depressa, o barulho cada vez mais alto. Ela estava subindo os três níveis do estacionamento circular — ignorou os elevadores e está correndo, tentando me alcançar antes que eu chegue até o carro ou me parar caso consiga dar partida. Quando estou prestes a me esconder no banco de trás, ela me alcança.

— Steve Harvey! Steve Harvey! Eu... consegui... o... anel — diz, agitando a mão esquerda diante do meu rosto, enquanto tenta recuperar o fôlego depois do exercício inesperado. Ela engole o ar, respira novamente, e então recomeça: — Você disse para fazer do casamento uma condição e dizer a ele que, se quisesse continuar nosso relacionamento, teria que me dar um anel. Segui o seu conselho e consegui, Steve Harvey. Consegui meu anel!

Ouço histórias como essa praticamente todos os dias: algumas mulheres me mandam cartas dizendo que gostariam de ter lido meu primeiro livro, *Comporte-se como uma dama, pense como um homem*, enquanto perdiam tempo com um cara que não servia para nada; outras enviam e-mails dizendo que saberiam reconhecer um sujeito que valesse a pena agarrar se soubessem de antemão o que motiva os homens, coisa que eu contei em meu primeiro livro; há ainda aquelas que telefonam para o programa *Steve Harvey Morning Show*, ou comparecem a sessões de autógrafos, debates sobre relacionamentos e programas de televisão de que participo ou enviam mensagens para o site com perguntas, agradecendo pelas dicas e dizendo que se lembrarão dos meus conselhos enquanto procuram, encontram e aprofundam relacionamentos com o sexo oposto. Com mais de dois milhões de exemplares vendidos em todo o mundo, e traduzido para diversas línguas em mais de trinta países, fico orgulhoso em saber que as coisas que escrevi tão apaixonadamente em *Comporte-se como uma dama, pense como um homem* foram lidas, ponderadas, discutidas e, por fim, aplaudidas. Também sou grato pelas portas que se abriram. Fui chamado de especialista em relacionamentos por um programa matinal transmitido em rede nacional e por uma das revistas femininas mais lidas e respeitadas do planeta (embora eu me considere apenas um especialista na mente masculina — em como pensamos e por que agimos como agimos).

Vou ser honesto: não imaginava que isso pudesse acontecer. Quando decidi escrever meu primeiro livro, pretendia apenas compartilhar, com as mulheres que mandavam perguntas para o meu programa no rádio e que concordavam com minhas observações sobre amor e relacionamento, um guia que falasse francamente e sem impedimentos, que as fizesse entender o que os homens pensam a respeito de amor, sexo, encontros e casamento. Minha única esperança era que o livro ajudasse as mulheres a ir além dos mitos, dos estereótipos e das conversas que interferem na maneira como elas se comportam em seus relacionamentos; minha intenção era dizer quem realmente somos e o que é preciso fazer para ganhar esse jogo e conquistar nosso amor.

Minhas intenções eram puras: preocupo-me muito com essas coisas porque sou marido, filho e um locutor de rádio que fala diariamente para milhões de mulheres e, acima de tudo, sou pai de quatro meninas — lindas jovens que merecem homens bons que as amem, as respeitem e as tratem do jeito que elas querem.

No entanto, descobri que *Comporte-se como uma dama, pense como um homem* não era suficiente. Enquanto ministrava seminários sobre relacionamentos nos Estados Unidos, percebi que, por melhor que eu acreditasse estar explicando o que motiva os homens, as mulheres ainda tinham muitas dúvidas sobre por que agimos e reagimos dessa ou daquela maneira em uma série de situações amorosas. Se eu dissesse a um grupo de mulheres que os homens são motivados apenas pelo trabalho, por quanto ganham e por sua posição, elas iriam querer saber por que os homens dão mais importância à estabilidade do que à paixão. Se eu dissesse que a maneira de os homens demonstrarem seu amor é declarando-o, assumindo o papel de provedor e protegendo sua parceira, meu público iria querer saber por que eles não conseguem amar do mesmo modo que as mulheres — deixando-se levar pelo coração. Para cada pergunta que respondi no capítulo "Respostas rápidas para coisas que você sempre quis saber" — como "O que os homens acham sexy?", "Vocês se incomodam quando a mulher de vocês não trabalha?", "Os homens não se importam de as mulheres terem amigos homens?" e "Aproximar-se da mãe dele é importante?" — restaram outras cinquenta que não havia abordado.

Houve também muita desavença. Algumas questionaram por que aconselhei esperar pelo menos noventa dias para dormir com um homem enquanto descobriam quais eram as intenções dele. Muitas argumentaram que, se ousassem estabelecer padrões elevados ou fazer muitas exigências e se dissessem aos homens desde o início que estavam em busca de um relacionamento sério, assustariam aqueles que talvez estivessem interessados nelas; outras questionaram se eu, um comediante divorciado duas vezes, era qualificado para dar conselhos sobre como manter um relacionamento bem-sucedido e duradouro.

Todas essas perguntas, observações, reservas e pedidos de esclarecimentos e de mais respostas me fizeram lembrar que as mulheres são as criaturas mais questionadoras que Deus criou; por mais que eu explique algo para minha mulher, minhas filhas, minhas amigas e colegas e, principalmente, para as leitoras de *Comporte-se como uma dama, pense como um homem*, elas simplesmente querem ouvir as respostas de mais formas do que meu primeiro livro poderia oferecer. E não importa quantas vezes eu, ou qualquer outro homem, diga que elas talvez devessem pensar e agir um pouco diferente ao lidar com os homens: elas ainda assim hesitam.

Em parte, isso acontece porque outras mulheres — mães, tias, parentes mais velhas, amigas e editoras da maioria das revistas femininas — tiveram papel preponderante e influenciaram a maneira como as mulheres se comportam nas relações com os homens. São raras as vezes em que os homens apresentam suas ideias a respeito de namoro e compromisso, que dirá falar às mulheres o que fazer para que um relacionamento dê certo. Consequentemente, quando um homem se dispõe a falar sobre o assunto, sempre parece estar indo contra todos os conselhos que elas receberam antes. Por isso entendo a hesitação de algumas mulheres em aceitar as dicas estratégicas que sugeri — entendo o medo que devem ter causado.

Isso quer dizer que as perguntas, preocupações, queixas e mensagens recebidas me fizeram perceber que eu precisava aprofundar minhas explicações sobre por que os homens fazem o que fazem para que as mulheres pudessem compreender melhor como encontrar o homem de seus sonhos ou estreitar a relação que já têm, e descobrir satisfação na própria força, coragem, energia e sabedoria.

Desta vez, vou aprofundar as seguintes questões: por que os homens nunca parecem fazer o que as mulheres querem que eles façam e quando elas querem que façam; como explorar ao máximo a sexualidade de seu parceiro; e o que os homens pensam a respeito do namoro de acordo com a idade, de uma década a outra, a partir dos vinte anos. Também analiso mais detalhadamente os tópicos mais populares e controvertidos de *Comporte-se como uma dama, pense como um homem*, incluindo: o que os homens de fato pensam sobre a velha crença de que se sentem intimidados por mulheres fortes e independentes; maneiras criativas de conseguir que um homem continue comprometido com seus padrões e suas exigências; como fazer as perguntas certas para obter respostas sinceras; e métodos comprovadamente eficazes para fazer com que um homem de verdade assuma um compromisso com você.

Espero que, ao terminar de ler este livro e depois de realmente pensar nas informações oferecidas, você saiba ainda mais a respeito dos homens e perceba quão incrivelmente simples nós somos. Enfrentamos todas as situações com base no mesmo ponto de vista, usando os mesmos princípios, e raramente nos desviamos disso. Não tente usar seu processo de pensamento para equacionar a relação nem espere que o parceiro use sua lógica no que se refere a namoro e sexo; afinal, você não pode mudar os homens.

Já perdi a conta das mulheres que me perguntaram: "Steve, quando você vai escrever um livro que diga aos homens o que eles devem fazer?" Bem, não há palestra, seminário ou mesa-redonda que faça um homem pegar um livro sobre relacionamentos e mergulhar na leitura. Não adianta, ele não vai ler. Aposto o que você quiser que, mesmo se eu desse tal livro de presente para eles, poderia contar nos dedos de uma das mãos quantos homens se interessariam. Em primeiro lugar, um homem jamais permitiria que outro lhe dissesse o que fazer em casa com a mulher. Em segundo lugar, posso garantir que ele definitivamente não vai querer ouvir Steve Harvey dizer o que deve fazer, não depois de eu ter publicado *Comporte-se como uma dama, pense como um homem* e, principalmente, não depois de eu revelar aqui todos os segredos masculinos.

No entanto, espero, sobretudo, que as mulheres que decidirem ler este livro encontrem coragem para ir contra pontos de vista bastante difundidos sobre relacionamentos, que pensem a respeito e coloquem meus conselhos em prática. Entendo que é difícil navegar em águas desconhecidas — até mesmo assustador. Mas insisto que você abra a mente e perca o medo. Afinal, a maior causa do fracasso é o medo do fracasso. Se você quer mesmo mudar o destino do seu relacionamento, por que não tentar? Se o que você fez até agora não funcionou, por que não experimentar o que digo nos dois livros? Arrisque-se. Não estou sugerindo uma escalada sem equipamento de segurança; que pule de um avião sem paraquedas; que se acorrente, mergulhe em um tanque cheio d'água e tente escapar. Só estou pedindo que pense sobre relacionamentos de uma maneira diferente, com base em todas as verdades que irá descobrir a respeito dos homens em meus livros.

Espero sinceramente que você use estas informações para se fortalecer — para reconhecer que você tem nas mãos a chave para um relacionamento bem-sucedido. Entendo que muitas mulheres não queiram comprar a ideia de que a responsabilidade de conseguir a relação que desejam está unicamente em seus ombros, mas essa é a verdade. Você foi abençoada com habilidades incríveis que nós, homens, não possuímos, e são essas habilidades que você, sem sombra de dúvida, deve usar para conseguir o que quer.

Mude sua abordagem, reúna suas forças e erga a cabeça enquanto está trabalhando para conseguir o amor que você merece. Faça isso, e terá muito pouco a perder, mas muito a ganhar.

Parte I

Entendendo os homens

1

Como se forma um homem

Eu não deveria ter me casado aos 24 anos.

Sim, eu acreditava sinceramente no matrimônio; afinal, meus pais foram casados por 62 anos, até a morte de minha mãe. E minha intenção era repetir o que eles construíram: um relacionamento estável em uma casa cheia de amor, força, perseverança e sabedoria. Era tudo o que eu sabia fazer. Por isso fazia todo o sentido do mundo colocar uma aliança no dedo da mulher que eu amava e dizer "sim".

Foi aí que o problema começou.

Nas semanas que antecederam o casamento, eu não tinha uma fonte de renda estável para sustentar minha futura esposa. No fundo do coração, eu sabia que isso não estava certo. Cheguei até a conversar com minha mãe; disse que iria cancelar o casamento porque estava desempregado, e isso não era correto. Minha mãe, querendo ver seu filho casado e ciente de que a noiva ficaria arrasada com o casamento de seus sonhos cancelado, conseguiu me fazer desistir dessa ideia. Os convites tinham sido enviados. As pessoas aguardavam o grande dia. Quem era eu para estragar a festa?

Anos depois, minha mãe pediu desculpas e admitiu que nunca teria me convencido a casar se soubesse que eu não estava preparado para ser um bom marido. Nesse momento, conseguimos enxergar o que estava faltando — o que havia arruinado meu primeiro casamento antes mesmo que a cola usada para fechar os envelopes dos convites secasse: eu não sabia quem era, o que faria da vida e quanto ganharia quando descobrisse. Como expliquei em *Comporte-se como uma dama, pense como um homem*, tudo o que um homem faz é filtrado por seu título (quem ele é), como o conseguiu (o que ele faz) e a recompensa por seu esforço (quanto ele ganha). São as três coisas que todo homem precisa definir antes de sentir que está cumprindo seu destino como homem, e, se uma delas estiver faltando, ele estará ocupado demais tentando encontrá-la para prestar atenção em você. Ele não conseguirá se estabelecer, ter filhos ou construir uma vida com alguém.

Em meu primeiro casamento, eu não tinha nenhuma dessas coisas consolidada. Tinha largado a faculdade e arrumado um emprego na Ford. Depois fui demitido e só consegui encontrar outro emprego um mês depois do meu casamento. Era uma forma de ganhar dinheiro, mas sabia que não era o que eu queria da vida — não era aquela a minha vocação. Eu me sentia frustrado. Como poderia fazer minha mulher se empolgar comigo e com meus planos para o futuro se nem eu mesmo estava muito entusiasmado? Como ela poderia me conhecer se nem eu mesmo me conhecia? Como ela poderia ter algum benefício com o que eu fazia e com quanto eu ganhava se não estava fazendo nem ganhando nada? Eu me sentia frustrado, nossa situação financeira estava em ruínas e estávamos sempre brigando por alguma coisa.

Porque eu não era um homem.

Claro, ela havia se casado com um espécime masculino, e eu tinha boas qualidades. Era atencioso e confiável; era protetor; e não vacilava em dizer a todo mundo que ela era minha e eu era dela. E nossa união gerou coisas boas, muito boas: minhas filhas Karli e Brandi, e meu filho Steve. Mas eu não era um homem completo. E isso nos custou caro.

Eu gostaria que meu pai tivesse me avisado, que tivesse sentado comigo e me ensinado as particularidades do casamento. Talvez pudesse ter me dito que chega um momento da vida em que é preciso acabar com a vagabundagem — como ir mal na escola e flertar com uma porção de mulheres diferentes. Gostaria que ele tivesse me dito que, se eu não parasse de fazer besteiras até determinada idade, pagaria um preço pela falta de objetivo, como adiar meu sonho de me tornar um artista. Se ele tivesse feito isso, todos à minha volta seriam poupados de muito sofrimento. Ele não conversou comigo sobre o momento em que todo garoto precisa se concentrar em seu amadurecimento como homem. Ele não me disse: "Steve, ouça: você tem alguns anos para namorar as mulheres que quiser enquanto tenta compreender a si mesmo, e, quando descobrir quem você é, o que deseja fazer, como quer ganhar dinheiro, encontre alguém que o ajude a conseguir essas coisas."

Teria sido uma grande lição de pai para filho. Mas não é assim que os homens agem.

Não somos grandes comunicadores e nem sabemos muito bem como compartilhar informações. Não existe um manual que nos diga que em algum momento entre os 25 e os 27 anos nós deveríamos resolver o que queremos fazer da vida, e que dos 28 aos trinta deveríamos nos estabelecer com uma mulher que esteja tão comprometida em nos ajudar a alcançar nossos objetivos quanto nós estamos em ajudá-la a alcançar os seus. Em vez disso, o que ouvimos é: "Você é jovem — agora é hora de curtir loucamente, de se divertir, de aproveitar a vida, e não de se prender a uma mulher, de ter um relacionamento sério." E quando nos estabelecemos financeiramente e nos convencemos de que estamos prontos para fazer o mesmo na esfera emocional, nos envolvemos em inúmeros "relacionamentos", deixando mulheres pelo caminho, algumas delas arrasadas e amargas porque acreditamos ser mais importante ampliar o número de conquistas do que agir de maneira honrada. Preferimos ir atrás daquela medalha de ouro que os homens dão àquele que consegue ter mais de uma mulher ao mesmo tempo. E quanto aos *seus* problemas? Recebemos tapinhas nas costas

— e ouvimos que é isso o que devemos fazer se formos homens de verdade.

Os homens raramente recebem tapinhas nas costas quando se casam. Pior, os homens casados, felizes ou não, estão sempre falando dos horrores do casamento, afirmando que toda a liberdade da vida de solteiro acaba no momento em que colocam a corda no pescoço — como se o casamento fosse uma espécie de pena de morte. Na verdade, entre os homens, conversas sobre os prós e os contras do casamento transformam-se em piadas e bravatas, em vez de conversas honestas, ou seja, ninguém diz que o casamento — baseado em amor, respeito, lealdade e confiança — é a melhor coisa que pode acontecer a um homem. Hill Harper chamou a atenção para isso em uma mesa-redonda sobre relacionamentos que fizemos juntos no programa *Nightline*. Além de ser ator, Hill escreveu vários livros sobre a comunicação entre homens e mulheres. Ele insiste que os solteiros se beneficiariam bastante se os homens casados admitissem publicamente que por trás das portas fechadas dizem a si mesmos e a suas mulheres: "Obrigado, Senhor, pelo casamento. Obrigado pela minha família. Obrigado porque tenho alguém para me dar apoio e juntar meus pedaços para poder trabalhar no dia seguinte. Esse negócio de casamento é muito bom."

É, com certeza, o que torna um homem completo.

Está mais do que na hora de começarmos a ensinar isso aos jovens. Precisamos chamá-los num canto e explicar que chega um momento em que precisam deixar de lado a imaturidade. Porque, depois que fazemos isso, podemos nos dedicar à procura da outra pessoa, podemos nos apaixonar, criar uma família e passar a vida juntos, nos apoiando mutuamente, sonhando e crescendo. Isso não é algo que uma mulher possa ensinar; um homem de 22 ou 23 anos não pode esperar que sua mãe lhe explique o que é preciso para ser um homem; ela não tem ideia de como somos competitivos, do que nos impulsiona e do que enfrentamos todas as vezes que atravessamos a porta e saímos para o mundo — assim como um homem não tem ideia do que signifique ser uma jovem mulher. Amamos e admiramos nossas mães, mas elas não têm como se colocar em nosso lugar; homens e mulheres são muito diferentes, e ela cometerá erros se nos orientar — desde as coisas mais simples, como balançar depois de fazer xixi, até as situações mais complicadas, como confrontar outro homem e, sem que ninguém se machuque, conseguir sair com a dignidade intacta.

Eu sei que não ajuda muito dizer às mulheres que elas não podem ensinar garotos a serem homens; o mundo está cheio de mães solteiras que fazem tudo sozinhas enquanto os pais de seus filhos fogem da imensa responsabilidade de criá-los. E parece que muitos homens que se comprometem a ficar com a família estão psicologicamente ausentes, tão perdidos em casa quanto no trabalho. No entanto, é fundamental que os meninos cujos pais não estão por perto para lhes mostrar o caminho se aproximem de modelos masculinos fortes, inteligentes e positivos — um tio, um conselheiro, um técnico, um professor, um vizinho —, para que tenham com quem conversar, alguém que se comprometa a lhes transmitir as lições mais importantes.

Procuro ensinar isso aos meus filhos Wynton, Jason e Steve. E essas lições começam no momento em que abro meus olhos pela manhã. Todos os dias faço meus filhos acordarem na mesma hora que eu — por mais cruel que isso seja. Se eu tiver que andar na esteira e levantar pesos às quatro horas da manhã, eles também o farão. Se eu tiver que sair às cinco e meia para estar no trabalho às seis, eles também estarão vestidos e prontos para ir a algum lugar. Mesmo que estejam em período escolar, sobrecarregados de matéria, precisam se levantar e, antes de se aprontarem ou de se sentarem para tomar café, me escrever seus planos para aquele dia — o que estão fazendo e que tarefas precisam realizar. Eis um exemplo de minha troca de mensagens diária com meus filhos:

22 de maio

7h06 (Jason): Em breve serei um oficial graduado pela Academia Harvey. Vou fazer mais uma prova na semana que vem, e depois disso você ficará orgulhoso de mim. Hoje vou varrer o quintal da frente e estudar. Eu te amo, papai. Falo com você mais tarde.

7h10 (Eu): Já estou orgulhoso. Me dê algo de que eu possa me gabar. Dê ao seu pai alguns bons momentos para lembrar quando ficar velho.

7h11 (Jason): Sim, senhor. Espero fazer com que isso aconteça.

E, quando eles aprontam, não tenho piedade. Certa manhã, eles deveriam estar em nossa academia de ginástica às quatro horas, prontos para fazermos exercícios juntos. Se vou acordar e dar duro antes do amanhecer para lhes dar uma vida boa, o mínimo que eles podem fazer é me acompanhar. Bem, eram 4h10, eu já tinha começado a malhar e meus filhos continuavam dormindo. Quando liguei para o celular de Steve, ele me disse que haviam "se esquecido" do combinado. Mandei uma mensagem de texto para Jason, lembrando-lhe que, assim como na floresta, o gorila (eu) é quem comanda o jogo e as gazelas (meus filhos) não conseguem seguir o meu ritmo:

7h59 (Eu): Gorila Silverback: 2; Gazelas: 0.

8h00 (Jason): Por que você marcou 2?

8h01 (Eu): O gorila faz o que quer. Marquei 2 pontos.

8h02 (Jason): Vou recuperar 1 ponto esta tarde. Sua Bíblia está no meu quarto. rs

8h02 (Eu): Pedi à sra. Anna que a colocasse aí. Agora pode imaginar por quê. Gorila: 3; Gazelas: 0.

8h06 (Jason): Pai, você fica pontuando o tempo todo?

8h15 (Eu): Não paro nunca. Isso vem de dentro, das suas entranhas, entende? Da sua energia vital. Sua vontade de vencer. Sua vontade de ser incluído e de se destacar. Do seu orgulho. Onde está o orgulho de fazer o que você disse que iria fazer? Se eu não fizesse o que disse que faria, vocês não me respeitariam. Meu desejo de ser respeitado é tão grande que me leva a querer me superar. Onde está o seu orgulho?

Eu precisava que eles soubessem que graças ao pai deles as coisas funcionavam — que, enquanto eles dormiam, eu estava lá embaixo fazendo abdominais e depois fui trabalhar para receber um bom salário, poder pagar as contas e garantir um teto sobre nossas cabeças, camas para dormir e comida na mesa. Fazia isso por mim. Pela mãe deles. Por eles.

Por todos nós.

Converso muito com eles — estou sempre conversando — sobre o que é ser um homem de verdade. Se mais homens entendessem o que isso realmente significa, acabaríamos com muitos problemas que envolvem os relacionamentos entre homens e mulheres, como filhos criados sem pais, baixo índice de casamentos, alta taxa de divórcio. A lista é imensa. Meu pai não conversava muito comigo, mas me ensinou com seu exemplo o que significa ser um pai e um marido dedicado. Mostrou-me o que é trabalhar duro e a importância de cuidar da família; de respeitar a pessoa amada e exigir que seus filhos façam o mesmo; de ser o melhor pai que você puder para eles. Eu entendi tudo? Nem sempre. Falhei em dois casamentos antes de encontrar meu caminho. Isso é humano. Mas em cada uma dessas vezes aprendi com minhas falhas. E jurei que não as repetiria, não apenas pelo bem da minha mulher e do nosso casamento, mas também para ser um exemplo para meus filhos e filhas, que estão me vendo e, como fiz com meu pai, usando meu exemplo para entender como devem tratar seus parceiros e como devem esperar ser tratados por eles.

Em primeiro lugar na lista de características que todo homem deveria ter está: "Manter sua palavra." Isso é o que define um homem de verdade. É como as pessoas o julgam — como os outros determinam o quanto irão respeitá-lo. Nós, homens, estamos sempre contando vantagem sobre o que vamos fazer: "Não se preocupe, cara, eu cuido disso", ou "Pode contar comigo" e "Prometo que estarei lá". No entanto, a menos que essas palavras sejam acompanhadas de atos, não significam nada. Não para os seus filhos. Não para seus amigos. E, principalmente, não para as mulheres.

Elas não querem ouvir desculpas para você não ter cumprido uma promessa, em especial se isso diz respeito ao bem-estar de seus filhos. Mas o homem que diz que vai proteger a esposa precisa estar preparado para fazer o que for preciso para deixá-la segura. Um homem que promete ser o provedor da família trabalha duro todos os dias para ganhar o suficiente para que ela e a família que construíram juntos possam ter tudo de que precisam, e talvez até um pouco do que desejam. Um homem que promete amar sua mulher não a trai, não a agride nem a desgasta emocional e mentalmente; em vez disso, ama-a da maneira que uma mulher quer ser amada — sendo fiel, respeitoso e atento à suas necessidades.

Para ser bem-sucedido em todas essas coisas, é preciso respeitar aquele princípio simples da masculinidade: manter sua palavra. Se isso não acontecer, todos à sua volta terão o direito de pensar que você não passa de um fanfarrão — sua mulher terá o direito de dizer: "Ele não vale nada."

Aprendi isso aos trinta anos, quando fui expulso da faculdade, perdi o emprego na fábrica e meu casamento chegou ao fundo do poço. Passei a morar no carro; dirigia de um lado para o outro para minhas apresentações, tentando me firmar como comediante, falando comigo mesmo o tempo todo, de uma cidade para outra, de uma boate para outra. Criava todas as minhas piadas falando em voz alta; falava sobre a vida e como tinha chegado àquela situação de não ter uma casa para onde voltar. Quando você está sozinho, consegue fazer coisas inacreditáveis. Certa vez, passei três semanas sem dizer para outro ser humano nada além de um "Oi, como vai?". Quer dizer, eu entrava na boate, encontrava o gerente e ele dizia: "Obrigado por ter vindo, cara. Você terá vinte minutos, pode tomar um drinque no bar." E então eu subia no palco e contava minhas piadas; depois o gerente se aproximava de mim nos bastidores e dizia: "Aqui está seu dinheiro. Bom trabalho." Eu voltava para o carro e começava tudo de novo. Ganhando apenas 75 dólares por apresentação, não podia desperdiçar com hotéis ou telefonemas, por isso escondia o dinheiro no carro e ficava ali esperando a próxima apresentação. Tente ficar dois dias sem falar com alguém. Aposto que você não consegue. Mas fiz isso durante três semanas e então comecei a me fazer perguntas e a respondê-las eu mesmo. Descobri muita coisa sobre mim e reconheci que não estava sendo o marido de que minha mulher precisava nem o provedor que tinha de ser para ela, para as crianças e até para mim mesmo. Em resumo: não estava mantendo a minha palavra. E até que isso acontecesse, eu não seria um homem de verdade.

Não sou o único que pensa assim. Em diversas ocasiões, nas viagens que fiz por conta de *Comporte-se como uma dama, pense como um homem*, vi caras repetindo as mesmas ideias e sentimentos. Nunca me esquecerei de um homem que caminhou até o microfone em um desses eventos: ele era careca, tinha uma barba estilosa, vestia um blazer bacana e camisa branca. Ele contou que, durante seu último relacionamento, se sentia envergonhado porque não havia se encontrado — não alcançara o status financeiro e profissional que desejava. Porém, acrescentou, vinha trabalhando essa questão e descobrindo o que era capaz. "Sou um bom sujeito", disse ele, "mas sou um baita de um homem. Não tenho todo o dinheiro do mundo, mas tenho todas as características de um bom marido. Se você precisa de proteção, é comigo. Se você precisa de dinheiro, embora eu não tenha muito, o que tiver eu levo para casa. Eu lhe darei meu sobrenome. Posso fazer quase tudo com minhas próprias mãos, por isso, se você precisar consertar alguma coisa em casa, também pode contar comigo. E eu cumpro o que digo, e digo o que penso." E então falou sobre o lar: "Mas sinto falta da mulher certa. Se tivesse a força certa, estabilizadora, em casa — o sistema de apoio correto — eu seria ainda melhor."

Aquele homem havia descoberto o que todos nós acabamos descobrindo um dia: precisamos aprender a ser homens antes de podermos ser qualquer coisa para alguém que nos ama — e certamente antes de podermos retribuir esse amor. Mas, e quando descobrimos? Nós nos aproximamos de algo parecido com realização, aquilo que faz com que os homens queiram ser melhores, não apenas por nós mesmos, mas pelas pessoas que amamos. Não dá para enumerar quantas coisas incríveis aconteceram comigo como profissional, marido, pai e homem desde que a mulher certa entrou na minha vida. Nunca recebi tantos elogios nem consegui realizar tantas coisas como desde que comecei a trilhar meu caminho ao lado de Marjorie. Estive no programa da Oprah, da Ellen DeGeneres, tornei-me correspondente do *Good Morning America*, fui convidado para dar uma palestra em uma igreja. Uma *igreja*. Nunca na vida haviam me convidado para ser o principal orador na casa do Senhor. Nunca. Não conquistei tudo isso só porque decidi ser melhor, mas também porque havia alguém que viu que eu poderia ser melhor. Pessoas que me conheciam havia anos perceberam a mudança. Tenho uma foto tirada em 1995 em que posso ver em meu corpo as marcas do estilo de vida e das escolhas que eu estava fazendo, consequências de não ser o homem que precisava ser e de não ter a mulher certa para completar o ciclo da masculinidade. A pele do rosto estava flácida, eu tinha engordado muito, estava acabado; era difícil acreditar que estivesse tão mal.

Agora coloquei a casa em ordem. Limpei minha vida de todo o entulho e, quando as bênçãos vieram — em primeiro lugar, minha relação com Deus e a descoberta do que me faz feliz: sucesso em minha carreira e uma mulher forte e amorosa ao meu lado —, pude recebê-las e fazer as coisas certas.

Estou passando essa mensagem aos meus filhos para que eles também conheçam esse segredo: aprender primeiro a ser um homem. Depois encontrar a mulher certa, que possa tirar o melhor de você — torná-lo melhor. O casamento não é uma sentença de morte. É o que nos completa.

Meus filhos.

Steve e Jason passaram nos exames e ganharam o direito de ir para a faculdade. Com eles, vamos estabelecer uma tradição. Fui o primeiro da minha família a ir para a universidade, mas fui jubilado. Meus filhos, no entanto, foram aceitos na Morehouse College. Quando chegaram as cartas, sentei na cadeira do meu escritório e chorei; meus filhos irão estudar em uma faculdade de prestígio e eu não poderia estar mais contente. Quando me viu, Jason fez uma expressão interrogativa, sem entender por que eu estava chateado, o que eles tinham feito para que eu reagisse daquela forma.

"Você não sabe o que isso significa para mim, filho", disse a ele. "Eu não estou entregando bebês indefesos e despreparados, e vocês dois estão indo para a Morehouse. Me dê um tempo para comemorar por ter feito tudo certo. Não tem nada a ver com vocês."

Reconheço que meu trabalho ainda não terminou — Jason, Wynton e Steve ainda têm uma longa jornada pela frente até se transformarem em homens de verdade. Mas estão no caminho certo.

Rezo para que eles aprendam as lições que estou lhes ensinando, e as lições que terão que aprender ao longo da vida, e para que se transformem no tipo de homem capaz de fazer alguém — eles mesmos e suas parceiras — feliz. Será que cometerão erros? Sim. Mas meu trabalho é fazer com que sejam poucos.

2

Namoro de acordo com a faixa etária

Um guia de como os homens se sentem quando se trata de relacionamentos, aos vinte, trinta, quarenta, cinquenta anos e além

Há pouco tempo, levei minha filha Lori para almoçar — só eu e ela — e não vou mentir: estava bem preocupado. Afinal, era a primeira vez que passávamos algum tempo juntos sem que sua mãe, Marjorie, estivesse presente para garantir que a conversa fluísse. Quero dizer, quando levo meus filhos para almoçar, existe uma camaradagem bem discreta; eu digo a eles "escolham o que querem comer, rapazes", eles escolhem e nós comemos. Todos saem da mesa felizes e satisfeitos. Mas a ideia de me sentar em um restaurante sozinho com Lori me fez pensar em uma série de coisas, especialmente no fato de que não tenho a menor ideia do que as meninas de 13 anos gostam, com o que se preocupam ou o que têm em mente.

Naquele dia, aprendi uma lição.

– Então, papai, quando vou poder começar a namorar?

Na minha cabeça, eu estava gritando: "Quem é o infeliz que está tentando chamá-la para sair? Você só tem 13 anos — é um bebê! Vou matar esse cara com minhas próprias mãos!" Mas contei lentamente até dez, engoli em seco, pisquei algumas vezes e, por fim, quando tive certeza de que não iria gaguejar, resolvi falar:

– Com que idade você acha que poderia? — perguntei inocentemente.

– Ah, acho que com 14 ou algo assim — respondeu ela.

Engoli em seco de novo.

– Sinto muito, querida, mas acho que ninguém poderá vir até nossa casa e levar você para sair com 14 anos. É muito cedo.

– Minha amiga Cat namora caras mais velhos — disse ela, com a maior naturalidade.

Em minha mente, eu me via afiando facas, carregando revólveres e gritando na porta de casa, vestido de roupão e chinelos, que essa tal de Cat deveria ser avisada de que era melhor não aparecer no quarteirão para tentar corromper minha bebezinha. Mas procurei parecer o mais calmo e tranquilo possível.

– O que você quer dizer com "caras mais velhos"? — perguntei educadamente.

– Ela gosta de rapazes de 15, 16 anos.

Pisquei mais algumas vezes, tomei um gole de água gelada e disse:

– Bem, querida. Vamos nos preocupar com isso quando for a hora.

Quando terminamos o almoço, uma coisa havia ficado muito clara para mim: Lori não era mais uma menininha, e estávamos nos estágios intermediários daquela dança — o delicado cabo de guerra entre a atração pelo sexo oposto própria da idade e a completa loucura por garotos. Agora entendo que nossa conversa não marcou a primeira vez que minha filha pensou em meninos, namoro e até casamento; se ela for como todas as garotas do planeta, já havia imaginado até os mínimos detalhes de como seria seu futuro marido, que tipo de casamento eles teriam, onde seria a cerimônia, de que tecido seria seu vestido e se iria esfregar o bolo na cara do esposo. Ela provavelmente já havia decidido se usaria o sobrenome dele, quantos filhos teriam e quais seriam os nomes.

Você sabe que estou certo. É isso o que as garotas fazem: sonham com o "E foram felizes para sempre" — o casamento, os filhos, a vida de casada. Tudo o que leem e a que assistem — dos filmes da Disney às músicas, revistas e outros indicadores culturais — lhes diz que é legal ser independente, esperta e forte, mas sua prioridade deve ser encontrar, agarrar e segurar um marido. E assim que o relógio biológico começa a bater, uau!, encontrar um homem com quem se estabelecer torna-se o grande objetivo.

Pode ter certeza de que as coisas não funcionam assim com os meninos. Nunca. Jamais conheci um homem que tivesse sonhado com o dia do seu casamento. Ele pode sonhar com determinada mulher — mais especificamente, com o que gostaria de fazer com ela —, mas pode acreditar em mim: garotos e homens não se preocupam com o casamento do mesmo modo que as mulheres, e certamente não ficamos fantasiando nem nos preocupamos com relógios biológicos. Na verdade, a maneira como vemos os relacionamentos é tão oposta à das mulheres que chega a ser surpreendente que nós sequer imaginemos ficar juntos.

Mas imaginamos. Só que demora um pouco até chegarmos à mesma página.

Para ajudar você a entender o porquê, pensei que seria justo descrever o que os homens pensam sobre relacionamentos década a década — uma espécie de guia, para mostrar às mulheres o que é preciso para que um homem comece a considerar a ideia de casamento.

Um homem na faixa dos vinte anos...

Está apenas começando a descobrir os fundamentos da vida adulta — quem é, o que faz e quanto ganha. Está decidindo se vai para a faculdade, se faz uma pós-graduação, se monta um negócio próprio, e nenhuma de suas decisões, pelo menos nos primeiros anos dessa década, irá ajudá-lo a chegar a alguma conclusão sobre seu futuro, sobre ele mesmo ou sobre o rumo de sua vida. Basicamente, ele usará essa década para se conhecer — para aparar as arestas antes de se render à incrível responsabilidade de ser marido, pai e de sustentar uma casa; ser responsável não apenas por si mesmo, mas também pelo bem-estar das pessoas que ama. Na maioria das vezes, você não pode esperar que ele esteja pronto a lhe oferecer estabilidade financeira e orientação familiar se ainda está tentando descobrir como ganhar dinheiro, estabelecer-se profissionalmente e tornar-se independente.

Em meados da década dos vinte, ele estará observando o mercado de trabalho e percebendo que os outros homens têm casas e carros e estão cuidando de suas famílias; seu relógio financeiro vai começar a acelerar. Esse relógio bate tão forte quanto o relógio biológico feminino. Ouvimos o chamado para provar que já sabemos quem somos, o que fazemos e quanto ganhamos a fim de mostrar que somos homens de verdade. Isso não é tão relevante na época da faculdade porque o dinheiro não é tão importante; nessa fase, todo mundo é duro e tenta se afirmar juntando-se a algum grupo: jogando num time, fazendo parte de uma organização ou exercendo alguma atividade no campus. Mas, quando se aproxima dos 27 ou 28 anos e começa a ver os amigos chegarem ao bar em um carro bacana, usando um belo terno e tirando do bolso um cartão onde se lê em alto-relevo seu nome e um cargo, qualquer homem começa a querer participar desse jogo — ter um carro, um título e seu próprio dinheiro. Esse é um ponto crítico, e o casamento não faz parte do que sente que precisa fazer para chegar aonde deseja, financeira e profissionalmente.

Na verdade, enquanto está tentando entender quem realmente é, ele pode até descobrir que ainda não é responsável o bastante para assumir um compromisso sério. Ou pode ser que todos os homens que o cercam — seu pai e seus irmãos, amigos ou colegas de trabalho — vivam dizendo que ele precisa se divertir e adiar ao máximo um relacionamento estável com uma mulher. Nós simplesmente não pregamos para nossos filhos as virtudes da paternidade e da família — não dizemos a eles que existe um momento em que é preciso pôr um fim à irresponsabilidade e que assumir um relacionamento duradouro é necessário para que se tornem homens completos. O homem está sendo levado apenas pelo relógio financeiro enquanto você provavelmente está sendo levada pelo relógio biológico. E acredite: o despertador dele não está programado para lembrá-lo de que está na hora de ter um bebê.

O QUE ISSO SIGNIFICA PARA O SEU RELACIONAMENTO

É claro que há casos de homens que conseguem construir uma carreira, ganhar uma quantia razoável de dinheiro e ainda se sentir satisfeitos com sua situação e prontos para se estabelecer nessa idade. No entanto, o mais provável é que um homem nesse estágio não leve a sério qualquer relacionamento com o sexo oposto. Mas você pode determinar se ele tem potencial. O segredo está em lembrar que a palavra *potencial* implica que ele é capaz de agir. Um homem com potencial não fica sentado no sofá; ele tem um plano de vida claro e está tentando se tornar o que deseja. Tem um plano de curto prazo — que talvez seja ir para a faculdade ou juntar dinheiro para montar um negócio. E tem um projeto de longo prazo para consolidar seus objetivos no futuro. Se ele não tiver um plano, não conseguir articular seu futuro e não estiver trabalhando com um objetivo em vista, não é o tipo de cara com quem você vai querer ficar.

Você também tem todo o direito de avaliar o tipo de homem que ele poderá se tornar — se é respeitoso, educado, se a trata como você quer ser tratada e se é um cidadão cumpridor das leis. Você também merece saber se ele alimenta esperanças e sonhos e como se relaciona com Deus. Se tiver filhos, você deve verificar que tipo de pai ele é e como se relaciona com a mãe das crianças. Também precisa ter certeza de que ele deseja uma relação monogâmica e que está agindo naturalmente quando está a seu lado. Todas essas coisas são um indicativo do tipo de marido que ele acabará se tornando. É como meu treinador costumava dizer: você vai agir no jogo do mesmo jeito que age no treino. Se ele não for monógamo durante o namoro, e se o coração dele não estiver moralmente inclinado a fazer a coisa certa com as mulheres, por que será diferente quando se casar? A única coisa que muda após a cerimônia é o dedo anelar da mão esquerda. Todo o resto continua igual. Por isso cabe a você ter clareza sobre o que precisa para se sentir mental e emocionalmente satisfeita para que o homem que está a seu lado possa atender a essas exigências.

Vamos falar claramente: você tem todo o direito de explicar a esse homem o que deseja quando estiver se aproximando dos trinta anos; pode dizer que o que aceitava na faculdade, aos vinte, é completamente diferente do que poderá tolerar aos 27, quando seu corpo tem um tempo limitado para produzir filhos. Era bom namorar, ir a festas e passear de mãos dadas quando estavam na faculdade, mas ele precisa respeitar o fato de que seu relógio biológico está batendo e assumir um compromisso ou partir para outra, de modo que você possa concentrar sua energia em um homem que vá lhe dar o que você está procurando. Não tenha medo de dizer: "Escute, tenho 28 anos e estou procurando um parceiro porque adoraria ter filhos por volta dos 32. Não quero ter ou mesmo tentar ter meu primeiro filho aos 38, por isso quero encontrar o parceiro certo para mim." Pergunte que idade ele deseja ter quando seu filho for grande o bastante para jogar bola com ele, e lembre-o de que ele não vai querer estar velho demais para se divertir com o filho adolescente. Garanto que ele nunca terá pensado nisso. As mulheres pensam nisso constantemente, e é bom deixar que ele saiba que precisa acertar o passo. Se ele realmente quiser você, irá acelerar por sua causa; irá acertar o passo e caminhar a seu lado. Você não pode mudá-lo — quando estiver perto dos trinta, ele terá consolidado quem é como homem. Mas você pode despertar suas melhores qualidades. Ele será o que você quer se ele souber o que a faz feliz.

Um homem na faixa dos trinta anos...

Está começando a consolidar sua carreira e a ganhar o dinheiro que queria ganhar, alcançando pelo menos alguns dos objetivos que estabeleceu em seu plano de vida. E quando começa a avaliar sua vida e as coisas que deseja conquistar, começa a pensar em fincar raízes. Essa caminhada em direção ao compromisso é impulsionada pelas visões idealizadas que começa a ter em relação à paternidade: todo homem começa a pensar no filho que o adora, que quer ser como ele e que se tornará um grande atleta. Sonha ensinar ao filho todos os esportes que praticava quando criança, e quer estar em condições de praticá-los com ele, enquanto se aperfeiçoa. Por isso, começa a perceber que, quanto mais tempo esperar, menos chances terá de se ver realizado como o pai que imagina. A pergunta que todos nós nos fazemos aos trinta anos é: "Qual será minha idade quando meu filho fizer 16 anos?" Nós queremos ter uma presença física forte na mente de nosso filho adolescente e poder competir com ele nos esportes. A última coisa que desejamos é ser um pai frágil e velho. Então começamos a ver que os dias estão contados para que esse cenário ideal se concretize — que, à medida que nos aproximamos da metade da década dos trinta e a ultrapassamos, teremos menos chances de jogar com nossos garotos. Consequentemente, começamos a pensar seriamente em ter filhos.

Aos trinta, homens também começam a aceitar o inevitável — que toda a curtição e azaração dos vinte anos deixa um sentimento de constante *déjà-vu*. Aceitamos melhor a ideia de que a fase do namoro esteja chegando ao fim porque sentimos que já experimentamos bastante, e a emoção da caçada já não é tão forte. Os jogos envelhecem. Isso não quer dizer que o homem não fique tão atraído quanto ficava aos vinte anos ao ver uma mulher bonita, ou que não fique excitado diante de uma mulher sensual. Mas depois de passar por uma série de relacionamentos e começar a enxergar um certo padrão, percebe que o fato de estar com uma mulher não significa que as coisas serão sempre fantásticas e sensuais. Por isso começa a se abrir para a ideia de assumir um compromisso, de encontrar a pessoa certa, que faça o mínimo possível de drama e que possa lhe dar apoio e lealdade e tornar sua vida mais divertida. Em outras palavras, ele reconhecerá que não pode continuar brincando para sempre, que um homem adulto tem que parar de ir para a farra em determinado momento. (Isso ficará ainda mais claro quando ele sair à noite e se vir cercado de garotas que ainda estavam no ensino fundamental quando se formou na faculdade. É um choque de realidade.)

É claro que tudo isso depende da idade com que um homem se torna, em sua cabeça, bem-sucedido. Se ele alcançar o sucesso no final da década dos vinte anos, é provável que esteja mais inclinado a assumir um compromisso no início dos trinta. Ele se sentirá em posição financeira boa o bastante para não precisar se matar de trabalhar fazendo horas extras, atento à rede de contatos e tentando galgar degraus. Mas, se demorar um pouco mais para ser bem-sucedido, resistirá à ideia de se assentar. Ainda estará de olho no que os outros têm e se comparando a eles — aos amigos da faculdade que têm mais sucesso e que ganham mais dinheiro, e aos que não estão se saindo tão bem quanto ele. Se, por outro lado, tiver conseguido, ou sentir que está bem próximo de onde quer chegar, começará a acalentar a ideia do compromisso duradouro.

Você deve observar que, por estar muito preocupado em garantir o sucesso, o homem dos trinta anos estará menos atento às realizações femininas. Ele não estará muito preocupado com seus diplomas e não se deixará impressionar por eles, principalmente se achar que ao falar deles, do seu salário ou da sua carreira, você está tentando competir ou sugerindo que não precisa dele para ser feliz. Isso não quer dizer que ele não se sentirá atraído por uma mulher inteligente e bem-sucedida; simplesmente não estará preocupado em encontrar uma parceira financeira.

O QUE ISSO SIGNIFICA PARA O SEU RELACIONAMENTO

A coisa mais importante que você precisa saber a respeito dos homens na casa dos trinta anos é que você deve esperar que ele assuma um compromisso, da forma que você precisar. Se não estiverem morando juntos, mas namorando firme, ou se dividirem um apartamento e as contas, você tem todo o direito de esperar que ele esteja se preparando para assumir um relacionamento duradouro com você.

Para medir seu nível de comprometimento, comece a fazer perguntas sobre família. É a melhor maneira de fazer um homem pensar em voz alta a respeito do futuro. Facilite a conversa falando em números: "Como você acha que será sua família? Você quer ter um filho? Três? Sete?" Você também pode fazer perguntas sobre o ambiente familiar em que ele foi criado: "Você se dava bem com seu pai? E com sua mãe? De que características deles você acha que vai se valer quando for pai? De qual delas abriria mão?" Cada uma dessas respostas, quando você as analisar profundamente (mostrarei como fazer isso no capítulo 6, "Vamos acabar com os joguinhos: fazendo aos homens as perguntas certas para obter respostas verdadeiras"), ajudará a entender a cabeça desse homem no que diz respeito a amor, casamento e família. A pergunta sobre seu relacionamento com o pai pode levar não apenas a uma conversa sobre se ele quer ser pai, mas também que tipo de pai ele acha que será e que características está procurando na futura mãe de seus filhos. Todas essas informações são vitais para que você decida se esse é o cara certo para ser pai de seus filhos e se é o homem que mais tem a ver com você.

Você também vai precisar prestar muita atenção ao estágio de sua vida profissional. Se ele parecer insatisfeito, se ainda estiver lutando para colocar seu plano em ação, é bem provável que não queira assumir um compromisso. Você saberá em que situação ele está se observar quanto tempo passa longe do trabalho, dedicando-se aos seus hobbies, aos amigos, aos esportes — desfrutando o lazer. Isso significa que ele tem tempo, que não precisa trabalhar vinte e quatro horas por dia, sete dias por semana, e que poderá encontrar satisfação em outras coisas.

Lembre-se de que estamos falando de caras ambiciosos, e não daqueles que nunca colocaram a mão na massa, que não gostam de dar duro e ficam esperando sentados até as coisas acontecerem, ou dos que ainda estão ralando. Esses caras não podem assumir um compromisso porque ainda estão tentando descobrir quem são, o que farão e quanto ganharão, o que significa que estão muito ocupados tentando alcançar seus objetivos profissionais, excluindo todo o resto.

Por isso, tudo depende da sua habilidade para obter um compromisso do homem que está pronto, disposto e apto a lhe dar o que você deseja. Mas você precisa estar preparada para se afastar se o compromisso que espera não for iminente. Existem muitas mulheres que namoraram, apaixonaram-se, deram-lhe a cerejinha (como chamo o sexo) e ficaram esperando que ele retribuísse o amor e a devoção assumindo um compromisso, e depois de anos descobriram que ele não estava interessado em se casar. Você precisa parar de esperar para descobrir se ele está disposto a assumir um compromisso e perguntar diretamente: "Você pretende se casar um dia?" Ele pode dizer que não está preparado, mas você precisa obter mais informações. Pergunte se ele se vê casando — se isso pode acontecer em um ano, dois ou três. Se ele disser algo como "Não sou do tipo que se casa" ou se disser que não pretende "se casar tão cedo", não se afaste: fuja correndo. Diga-lhe em quanto tempo pretende estar casada e que, se ele não quiser fazer parte dos seus planos, você terá que seguir em frente. Será difícil para você, eu entendo; a maioria das mulheres acredita que ele irá embora e, assim, passarão por maus bocados até encontrar alguém disposto a assumir um compromisso. Mas eu já disse antes e vou repetir: esse homem que você está deixando não é o último da face da Terra. Siga em frente. Você cometeu um erro com esse cara, mas tudo bem. Esqueça as perdas e vá procurar o homem que você merece e que a deseja.

Um homem na faixa dos quarenta anos...

Está se sentindo bem com sua situação e está chegando ao auge, especialmente se for marido e pai. Ele aprecia suas conquistas e está ganhando dinheiro, mas, se tem uma casa para onde voltar no fim do dia, isso é o mais importante. É o que completa sua jornada para a maturidade. Por mais famoso que seja, por mais que tenha se saído bem, não há nada melhor do que voltar para casa, para os braços das pessoas que mais amamos; seus filhos ficam felizes em vê-lo, ele é o herói. Adora o título "papai". E fica feliz por ter uma mulher que o ama, lhe dá apoio e o faz sentir-se valorizado. Esse é um momento de orgulho para um homem, principalmente se tiver idade suficiente para entender a importância disso.

Aos quarenta, o homem quer sentir-se um vitorioso que mantém sua palavra, é respeitado, encontrou seu caminho e em quem a família pode confiar. Alguns lutam contra isso, mas tudo entra nos eixos quando se tornam maridos e pais. É o momento de se estabelecer, e traz à tona o que o homem tem de melhor dentro de si, pois desperta todo o amor que pode oferecer: irá trabalhar muito para garantir o sustento da família; terá orgulho de apresentar sua esposa e falar de seus filhos para todo mundo; e protegerá sua família com o poder dos anjos.

Se for solteiro, deve existir alguma razão para isso. Pode não ter tido sorte no amor. Ou talvez tenha optado por uma carreira que o impediu de fincar raízes — como um emprego no exterior ou a vida militar. Ou talvez seja apenas aquele sujeito que reluta em aceitar a ideia de se casar e ter filhos, mesmo depois de tantos anos — uma autêntica fobia de compromissos. Qualquer que seja a causa, a menos que seja divorciado, resignou-se ao fato de que a família tradicional — com mulher e filhos — talvez nunca aconteça para ele (ou decidiu que não quer se preocupar com esse assunto), e por isso sente-se à vontade com a ideia de viver sozinho. Se tiver sobrinhos e sobrinhas ou amigos próximos com filhos, sente-se perfeitamente feliz com eles, e não acha que esteja faltando nada em sua vida; está tão satisfeito com esse arranjo quanto todas as mulheres que não acham que sua vida é um terrível fracasso só porque não têm filhos e uma aliança. Para eles, o mais importante é o conforto; sentem-se financeiramente confortáveis, estabeleceram rotinas confortáveis e têm estilos de vida confortáveis. E não estão necessariamente sozinhos porque se colocaram em uma situação em que a companhia feminina não perturba sua rotina diária. Essa é uma maneira delicada de dizer que vai demorar muito para alguém aparecer e afetar a sensação geral de tranquilidade a que se acostumou o quarentão solteiro. Na cabeça dele, um compromisso só iria perturbar um arranjo perfeitamente estável, viável e agradável — em que ele faz o que quer e, quando quer, sem ter que prestar contas a ninguém.

Isso não significa que o quarentão não possa encontrar uma mulher capaz de abalar seu mundo — que o fará pensar que não pode viver sem ela. Ele apenas dominou a arte da convivência e não está mais tão inclinado a sair em busca de mulheres e de sexo casual quanto estava aos vinte ou trinta anos. À medida que envelhece, o homem não sente mais tanta necessidade de sexo, e já teve relacionamentos com vários tipos de mulheres. Por isso a caça da juventude diminui o ritmo. Não sente necessidade de frequentar lugares badalados para encontrar mulheres jovens e sensuais. Em vez disso, se sentirá mais atraído por alguém com quem possa conversar, com quem possa fazer uma refeição prazerosa e assistir a algum show, ou ir a algum evento cultural; que satisfaça suas necessidades sexuais e que, como ele, não se sinta pressionada a transformar a relação em algo além do que já é.

Essa é uma situação confortável para ele; é o que todos os homens desejam — conforto, paz e companheirismo —, e o quarentão solteiro viverá muitas situações como essa. Ele arranjou as coisas assim.

É claro que se for um quarentão divorciado provavelmente está sozinho porque é cauteloso, mas está mais propenso para a caça porque voltou aos cenários dos encontros e está se familiarizando com todas as mulheres que precisou ignorar enquanto esteve casado. Agora que pode escolher sem provocar reações, vai querer se divertir um pouco. Talvez leve alguns anos antes de voltar a pensar em se comprometer com alguém, especialmente se acabou de se divorciar e ainda precisa lidar com os sentimentos em relação à ex. Ainda assim, é verdade o que dizem a respeito dos divorciados: se ele já assumiu um compromisso antes, não terá medo e estará aberto para se comprometer outra vez. Não será necessariamente romântico, mas se lembrará do quanto pode ser maravilhoso e não recusará por completo a ideia de um novo casamento depois de ter saciado a vontade de se divertir.

O QUE ISSO SIGNIFICA PARA O SEU RELACIONAMENTO

Você terá que ser mais cuidadosa ao encontrar um quarentão solteiro, principalmente ao abordá-lo. Ele tem uma história, é experiente e não se deixará enganar por um corpo bonito, um piscar de olhos ou um jeito tímido. É claro que ele sabe onde encontrar garotas de vinte anos com quem poderia passar algumas noites; porém, o mais provável é que já tenha feito isso tantas vezes que perdeu o interesse. Sabe que as mulheres mais jovens não passaram pelo que ele já passou. Por isso, vai querer e precisar de alguém que tenha algo mais, que seja interessante e, principalmente, que esteja interessada nas coisas que conquistou para tornar sua vida mais confortável.

Isso significa, também, que você precisará ser um pouco mais criativa para encontrá-lo. Ele não estará em uma casa noturna, na academia ou no bar — lugares onde os encontros com o sexo oposto costumam acontecer quando se é jovem, fogoso e inexperiente. Você poderá encontrar esse cara em uma casa de jazz, bem atento à música, ou em eventos esportivos, apreciando o jogo, em quadras de tênis ou de basquete, ou em um estádio de futebol. Sendo solteiro, ele pode se permitir esse tipo de entretenimento, pois não tem uma esposa que o reprima por ser egoísta e levar uma vida que só lhe dá prazer.

Saiba que o relacionamento com um quarentão divorciado pode ser arriscado se a separação for recente. Ele pode projetar a ex em você e correr na direção oposta. Se estiver divorciado há menos de dois anos, você deve estar preparada para alguma diversão no quarto e não muito mais que isso; provavelmente ele irá preferir seguir em frente, por mais fabulosa que você seja. Isso porque os quarentões não acreditam na propaganda. Aos vinte, acreditavam em qualquer coisa que uma mulher dissesse; aos trinta, tornaram-se mais céticos. Mas, aos quarenta, não acreditam mais em quase nada. São todas ótimas cozinheiras que adoram limpar a casa durante o dia e usar uma bela lingerie à noite; nenhuma ousa sair de casa sem maquiagem; adoram sexo, são fãs de basquete e de futebol e adoram o cheiro da fumaça de charuto — até se envolverem em um relacionamento e a embalagem se desmanchar. Por já ter sido casado, ele sabe que as mulheres reagem de maneira muito parecida à pressão, ao estresse e aos desafios dos relacionamentos; sabe que, com o tempo, à medida que as dificuldades vão surgindo, são grandes as possibilidades de acabar no mesmo lugar em que estava com a mulher de quem se divorciou. Por isso, você não conseguirá enganá-lo dizendo que a vida a seu lado será maravilhosa; ele pode não acreditar. Você terá que provar em vez de dizer. Se ele a levar ao campo de golfe e perceber que você está se divertindo, ou se a levar a um bar e você acabar discutindo o esquema tático da seleção com um fã ardoroso, ou se conseguir conversar sobre um solo clássico de Miles Davis, então ele talvez comece a acreditar que vocês têm os mesmos interesses e que você é um espécime raro.

Quando tiver superado a dor do divórcio e começar a se sentir solitário, ele perceberá que o sexo com uma mulher madura tem potencial para ser mais interessante do que o sexo com uma garota de 25 anos; sabe que a perfeição física nem sempre é o que parece e vai começar a querer mais companheirismo — da mulher que se sente confortável com sua situação e com a dele também.

O homem na faixa dos cinquenta anos ou mais...

Trabalha desesperadamente para consolidar seu legado. Resumindo: está revendo o filme de sua vida e tratando de organizar as coisas para deixar sua família em boa situação quando parar de trabalhar ou já não estiver mais aqui Está mais preocupado com segurança do que nunca, mesmo que queira esvaziar o ninho — enviando os filhos para a faculdade ou para começar suas vidas por conta própria, para que ele possa desfrutar a vida com sua parceira de uma maneira que nunca conseguiu desde que tiveram as crianças. Está mais satisfeito com a paz recém-descoberta ao lado da esposa e se acomodou na vida que construiu, mas ainda se preocupa em proteger a família — não com força bruta, e sim garantindo que consigam sobreviver sem ele.

Esse estado de espírito é estimulado pelas constantes mudanças físicas. Ele começa a se preocupar porque é aos cinquenta que o corpo começa a traí-lo. A pressão e os níveis do colesterol sobem, a próstata começa a lhe dar problemas, e surgem dores que ele nunca sentira antes. Tudo isso faz com que fique muito mais ciente da própria mortalidade e perceba que precisa cuidar mais de si mesmo. É claro que isso é muito mais fácil quando uma mulher está por perto. É muito mais difícil para um homem viver direito, se alimentar bem e ficar longe dos problemas quando não há uma presença feminina para lhe dar um tapinha no ombro e lembrá-lo de que é preferível substituir o filé e a sobremesa por legumes, fazer mais exercícios e ficar longe de problemas não apenas para seu próprio bem como também para o das pessoas que ele ama.

O QUE ISSO SIGNIFICA PARA O SEU RELACIONAMENTO

Ele estará muito mais aberto para a ideia de ter uma mulher a seu lado não apenas para amar da maneira que um homem ama — protegendo, afirmando o que sente e a sustentando —, mas também porque sabe que uma mulher doce e carinhosa, que se preocupe e cuide dele, aumentará sua expectativa de vida em pelo menos uma década. Isso fará com que esteja mais disposto a se comprometer com alguém, certamente mais do que um homem de trinta ou mesmo de quarenta anos. Ele basicamente estará procurando alguém que envelheça com ele enquanto deixa o mercado de trabalho e começa a imaginar como será fazer as coisas que sempre quis — viajar ou passar o tempo livre, sem preocupações — ao lado de uma companhia fixa que também esteja feliz por poder se assentar e aproveitar o resto da vida.

Por favor, entenda que esses diferentes estágios da vida do homem não são definições rígidas; todas as regras têm exceções. Apenas descrevi genericamente as transformações que ocorrem na vida dos homens de uma década para outra — coisas pelas quais eu mesmo já passei, e experiências que amigos compartilharam comigo. Espero sinceramente que você use estas informações como referência para compreender o seu parceiro no que diz respeito ao seu relacionamento — compreensão esta que pode ajudá-la a conseguir o tipo de amor que deseja, precisa e merece.

3

As mulheres intimidam?

Mitos versus *Fatos*

Com o sucesso de *Comporte-se como uma dama, pense como um homem*, houve uma febre de especiais na televisão e de matérias em jornais e revistas questionando por que é tão difícil para mulheres solteiras inteligentes, bem-sucedidas, bonitas e, segundo elas mesmas, quase perfeitas encontrar um namorado, quanto mais um marido. E sempre — sempre — as mais afeitas a falar diziam estar felizes sozinhas ou jogavam a culpa por estarem solteiras para cima dos homens: "Estou sozinha porque os homens se sentem *intimidados* por mim."

Desculpe, mas como sugere o título deste livro, terei que ser franco e, por minha própria conta e risco, digo por todo o time: na cabeça e no coração da maioria dos homens, a ideia de que um cara se sinta "intimidado pelo seu sucesso" não passa de uma desculpa — uma resposta conveniente para algumas mulheres justificarem o fato de estar sozinhas. Duro, mas verdadeiro. Quando estamos longe do folclore feminino, conversando no estádio de futebol ou tomando uma cerveja no bar, nós rimos, balançamos a cabeça e ficamos nos perguntando quem terá dito um absurdo desses. Porque não há nada, absolutamente nada, mais distante da verdade. Os homens não se incomodam se a mulher é forte, independente, capaz. O que nos incomoda é a sensação de não sermos necessários.

Acredite ou não, há uma diferença.

Ainda assim, o mito de que "os homens se sentem intimidados por mim" persiste, assim como outros relativos às mulheres independentes, em especial as que são financeira e emocionalmente autossuficientes. Por isso vou tratar dessas questões com a esperança de que, se as mulheres entenderem como os homens pensam quando encontram uma mulher forte, independente e bem-sucedida, poderemos avançar no diálogo.

Mito **NÚMERO 1**

Os homens não gostam de mulheres que falam do seu sucesso financeiro

A VERDADE: Se você tem um ou dois diplomas, um carro bacana, uma ótima casa para descansar a cabeça à noite e um salário que deixaria qualquer um de queixo caído, ficamos felizes por você. Sim, você leu direito. *Felizes*. Não ficamos com raiva, sem tesão, nem consideramos um ataque à nossa autoestima e ao nosso ego o fato de uma mulher ter se dado bem e de levar uma vida maravilhosa.

Mas, se é isso que define a sua vida, se você é capaz de viver ou de morrer por causa disso, e se a primeira coisa que sai da sua boca depois de se apresentar é o ano e o modelo do seu carro, o valor de mercado de sua bela casa e o limite do seu cartão de crédito, seguidos pelo bordão das mulheres solteiras, fortes e independentes — "Não preciso de um homem para tomar conta de mim!" —, adivinhe qual será nossa interpretação? "Seus serviços não são necessários aqui." E então vamos oferecer nossos serviços em outro lugar, enquanto você sobe a escada corporativa sozinha. Reza sozinha. Cria os filhos sozinha. Faz compras sozinha (ou com as amigas). Tira férias sozinha (ou com as amigas). Depois volta para casa... sozinha. Veja bem, não há nada de errado em ficar sozinha. Muitas mulheres vivem por conta própria, felizes com suas vidas repletas de bons amigos e grandes experiências que não envolvem necessariamente um compromisso com alguém do sexo oposto.

Mas, para cada mulher que se diz satisfeita desse jeito, existem muitas que se sentem incomodadas com a possibilidade de talvez não encontrar aquele final feliz que imaginavam estar à sua espera depois que conquistassem a carreira, o dinheiro e o status por que tanto batalharam, e que realmente acreditam, do fundo do coração, que estão sozinhas porque os homens se sentem intimidados ou têm inveja do seu sucesso.

Eis o que acontece de fato: já ficou claro para a maioria dos homens que grande parte das mulheres pode tomar conta de si mesma. Se você foi criada por pais que estavam minimamente preocupados com seu bem-estar, é provável que eles tenham lhe ensinado quão importante era ter uma educação sólida, construir uma boa carreira e dispor dos meios para cuidar de si mesma, tendo ou não um homem em sua vida. Os homens acreditam que você tenha cumprido a promessa e esteja se esforçando ao máximo para ser ainda melhor, e sabemos que todas as pessoas costumam falar das coisas de que se orgulham.

O que nos afasta é quando parece que sua vida está costurada com um ponto tão apertado que não conseguimos ver onde nos encaixar ou que papel poderíamos ter para você. Ficamos sem espaço para ser homens. Como já disse aqui e em *Comporte-se como uma dama, pense como um homem*, a maneira que um homem tem de mostrar seu amor por uma mulher é sustentando-a, protegendo-a e assumindo publicamente seu amor — dando-lhe o título de namorada, esposa, mulher.

Agora, se você diz a um homem que não precisa dele para sustentá-la; que tem todo o dinheiro de que precisa para pagar as contas e manter seu padrão de vida; e que não precisa de proteção porque, graças ao sistema de alarme e ao seu pit bull, a mansão está segura — por que você acha que ele iria querer declarar seu amor por você?

Sei que nem todas as mulheres esfregam seus diplomas, salários e ganhos materiais na cara dos homens para se vangloriar e sugerir que não precisam deles. Há também a ideia de que as mulheres precisam relacionar todas as suas conquistas para não parecerem "carentes" diante dos homens, para que eles não pensem que elas estão atrás deles por causa de dinheiro ou de riqueza. Mas essa é a dificuldade. Todo mundo precisa de alguém. E todo mundo tem vazios que precisam ser preenchidos. Todas as mulheres querem uma companhia, uma família, alguém que as ajude a se sentir seguras, com quem possam dividir os sonhos, alguém que possa desempenhar o papel masculino na casa, que esteja disposto a ouvir seus problemas e talvez até dar algumas sugestões de como resolvê-los — até alguém para as coisas menos complexas, como cortar a grama, tomar conta do carro e administrar as contas.

E querem saber de uma coisa? Nós não nos importamos se vocês precisarem de nós. Na verdade, isso só afasta os homens que, por algum motivo egoísta, não querem atender às suas necessidades. O homem que estiver verdadeiramente interessado em um relacionamento sólido quer cuidar de você, segurar sua mão e lhe dar um ombro para ajudá-la nos momentos difíceis, gastar seu dinheiro para sustentá-la, impedir que você se machuque, ser um bom pai para seus filhos, e que você tenha sucesso porque sabe que isso é bom para a família e para a sua felicidade. Não nos interessa criar você, e sim completá-la.

Se estiver sempre dizendo que não precisa de nós, bem, talvez não precise mesmo.

Você não precisa se subestimar nem se calar. É claro que pode se orgulhar das conquistas e compartilhá-las com os homens. Mas que tal colocar um pouco de verdade nesse mix? Não há nada de errado em apresentar suas credenciais e depois falar sinceramente sobre o que quer mas ainda não tem, como: "Estou muito feliz com minha situação — conquistei muita coisa. Mas estou procurando um homem que me complete. Consegui chegar até a metade do caminho sozinha, mas quero uma família e um marido que seja meu parceiro na vida." É preciso muita coragem — e muita força — para compartilhar sua visão de mundo com um homem e falar claramente sobre o que espera de uma relação sem desvalorizá-lo. Um homem pode topar. Foi exatamente o que fez um amigo meu quando uma mulher por quem ele se sentia atraído deixou claro que estava procurando "alguém especial" para viver com ela pelo resto da vida. Conheceu-a no banco: ele era o caixa; ela, a cliente — e a química entre os dois foi instantânea. Ela lhe dirigia sorrisos sugestivos, ele tentava puxar assunto para que ela ficasse mais um pouco. Depois de alguns meses flertando e pensando em convidá-la para sair, meu amigo afinal partiu para a ação: chamou-a para tomar um café. Ela ficou feliz em aceitar o convite e, enquanto tomavam o café, deixou-o absolutamente pasmo. Ele sabia que ela tinha uma situação financeira confortável, afinal, era o caixa do seu banco. Mas durante o encontro também descobriu que ela tinha uma empresa, que começou com poucos clientes e muito know-how adquiridos após trabalhar muito — e enriquecer — como executiva em uma grande companhia. Ela não estava contando vantagem — apenas dando algumas informações sobre si mesma. Depois disse-lhe exatamente o que estava procurando: "Sou uma boa mulher, tenho uma vida ótima, família e amigos, mas sei que quero um homem para amar e que também me ame. É só isso que me falta." Ela explicou que, aos quarenta e tantos anos, não esperava encontrar um milionário; queria apenas um companheiro fiel, com quem pudesse construir uma vida estável.

Isso ficou na cabeça do meu amigo. Ele podia não ter condições de comprar a maior casa do bairro, acrescentar algum dígito à sua conta bancária ou tomar decisões que afetassem a carreira dela, mas sabia que havia espaço para seu papel de homem — cuidar dela, protegê-la e lhe dar o ombro dela para encostar sua cabeça enquanto construíam uma vida juntos. Não demorou muito para que ele se tornasse o homem dela — o homem que procurava. E depois de mais de uma década juntos, eles continuam firmes.

Mito
NÚMERO 2

Os homens não abordam as mulheres fortes porque se sentem intimidados

A VERDADE: Nós não nos sentimos intimidados pelas mulheres fortes. Intimidar é apenas outra palavra para amedrontar, e, apesar de os homens temerem muitas coisas, as mulheres não são uma delas. Vocês não podem chutar nosso traseiro e, fora isso, pouca coisa nos assusta. Ao olhar para uma mulher do outro lado da sala, não ficamos imaginando o saldo de sua conta bancária e certamente não pensamos no cargo que ela ocupa no trabalho. Não nos preocupamos com isso. Inicialmente, nem sequer nos preocupamos com quantos filhos você tem, ou quais são seus desejos, objetivos ou ambições. Queremos apenas conversar. Mas só faremos isso se parecer que você não vai mudar de postura pelo simples fato de nos aproximarmos. Somos muito mais astutos do que imaginam — podem acreditar.

Os homens são caçadores por natureza, predadores que, se não estiverem à procura de nada sério, buscarão a presa mais fácil. A mulher vestida de maneira provocante, que fala um pouco mais alto, toma uma bebida atrás da outra e dança de maneira sugestiva, enviando sinais de que topa qualquer parada, não terá qualquer problema para encontrar um bando de caras dispostos a dançar sem a menor intenção de levá-la a sério. Será alvo do homem que está apenas caçando, procurando uma mulher para usar e descartar. É fácil identificá-la. Mas também conseguimos identificar com a mesma facilidade a mulher que tem tudo, e atitude de sobra, e que não tem medo de usar nada disso.

Não somos tão idiotas quanto vocês imaginam, eu garanto. Não saímos correndo para cima de vocês; observamos primeiro. Observamos como falam com a moça da lanchonete no trabalho — se a trata com grosseria, se agradece quando ela lhe dá o troco e entrega seu sanduíche. Vemos com quem você se senta — se escolhe sempre um tipo de pessoa, evitando qualquer outra que não se encaixe no seu padrão de "sucesso". Percebemos quando emana uma energia do tipo "vocês são inferiores a mim, o que estão fazendo aqui?" para os caras com uma certa aparência que caminham na sua direção. Determinamos algumas coisas a seu respeito antes de seguir o longo corredor que leva até você, antes de imaginar que palavras diremos para fazer você rir. E, se achamos que você não vai rir, que vai adotar aquela postura tipo "o que você está fazendo aqui?", não iremos nos aproximar. Chegaremos à conclusão de que não precisamos lidar com você.

Se os homens não se aproximam de você, talvez não seja porque você os intimide, mas porque eles estão ocupados demais focando a mulher que não é fria ou insensível — aquela que é sorridente, que se sente à vontade consigo mesma e que parece estar se divertindo, mesmo que esteja sozinha.

Se uma mulher parece envolvente, nós a envolveremos. Mas se parece uma dessas mulheres frias que reagem aos nossos avanços com hostilidade e parecem desinteressadas quando um homem olha em sua direção, bem, os homens não irão conversar com ela. Quem precisa desse aborrecimento? Quem *quer* esse aborrecimento?

Mito **NÚMERO 3**

Os homens não conseguem ter relacionamentos com mulheres que ganham mais

A VERDADE: O homem que ganha menos dinheiro do que você não a culpa por isso. Ele culpa a si mesmo.

Em primeiro lugar, você precisa entender que é possível para os homens manter um relacionamento sério com mulheres que ganham mais. Hoje em dia, com os altos e baixos da economia, com os homens perdendo seus empregos e as mulheres sendo as maiores responsáveis — às vezes as únicas — por garantir o pão na casa, são cada vez mais numerosos os exemplos de casais desse tipo. No entanto, não é nada fácil para um homem aceitar a situação, e é preciso uma boa estratégia para fazer com que um esquema desses funcione. A dificuldade dele em lidar com o desequilíbrio financeiro não tem nada a ver com você — tem a ver com ele mesmo. Ele não se sente intimidado nem fica zangado por você ser bem-sucedida. Na verdade se sente envergonhado por não estar crescendo com você. Se não a estiver acompanhando financeiramente nem melhorando sua posição ou status, se não estiver alcançando nada especial ou sentir que não está cumprindo suas próprias expectativas, como homem, de ser o provedor da família, então terá problemas ao se ver nessa equação, especialmente quando estão envolvidas mudanças com as quais não contava.

Digamos que você tenha conseguido uma promoção e agora receba mais telefonemas, responda a mais e-mails e viaje mais a trabalho, ao passo que ele está preso em casa, tentando manter as crianças quietas enquanto você trabalha ou levando-as e pegando-as na escola porque você já não está mais lá para fazer isso como antes. Se isso é algo que ele não fazia, e essas mudanças ocorreram sem qualquer conversa ou acordo a respeito das responsabilidades domésticas, ele pode reclamar de sua nova posição ou se rebelar. Não é fácil para um homem que trabalhou fora a vida inteira bancar o "dono de casa". Ir contra tudo o que parece ser a ordem natural das coisas e ser obrigado a desempenhar um papel diferente daquele a que está habituado é algo difícil de engolir. Se o seu parceiro não levantou a mão concordando em ser o "dono de casa", prepare-se para enfrentar alguma resistência. Alguns homens conseguem se ajustar, outros não.

Pelo menos, não sem ajuda.

Por isso a comunicação é tão importante e é preciso deixar muito claro o que será preciso fazer para manter a família unida. Sua postura será fundamental. Converse com ele como a dama que é; reconheça que a dinâmica financeira é diferente e inesperada, mas que a dinâmica entre você e ele é mais determinante, e vocês dois precisam estar dispostos a fazer o que for preciso para que as coisas funcionem. Deixe claro que vocês não estão competindo para ver quem tem o contracheque mais gordo — que o dinheiro que você vai trazer para casa não é só para você, mas para a família, e que todos irão se beneficiar se os dois trabalharem juntos para manter o dinheiro fluindo, independentemente de quem ganhe mais. Valorize-o — lembre que você e as crianças carregam o sobrenome dele e diga-lhe que não há dúvida de que ele continua a ser o chefe da casa. Estimule-o, dê-lhe apoio, mostre o quanto o admira; ele vai precisar de um bom tempo para aprender a lidar com a situação.

É claro que algumas mulheres terão problemas com essa postura, acreditando que o fato de colocá-lo em um pedestal irá de certa forma desvalorizá-las. Mas eu lhes pergunto: a relação não vale o sacrifício? E os sentimentos dele? É algo tão horrível levantar o ânimo do homem que você ama? Você não gostaria que ele fizesse a mesma coisa se a situação fosse inversa?

Acredito que sim.

Ele conseguirá lidar com as mudanças se sua postura não desmerecê-lo. O sucesso fora de casa não irá se traduzir em sucesso dentro dela se você usar sua superioridade financeira como desculpa para falar e tratar seu parceiro como um empregado ou como um filho. Os homens não são inflexíveis: é tudo uma questão de abordagem.

MITO NÚMERO 4

Os homens esperam e querem que as mulheres fortes e independentes diminuam seus padrões ou que se acostumem com a solidão

A VERDADE: Os homens realmente não se preocupam com que tipo, especificações ou modelo de homem você prefere; se estiver procurando um parceiro que, como você, tem alguns diplomas, um salário alto, uma bela carreira, uma mansão e um carro bacana para ir a restaurantes caros, o problema é seu. Isso não tem qualquer influência sobre nós, e aplaudimos sua persistência em lutar pelo companheiro que deseja. Mas, se à sua volta não houver muitos homens que se encaixem nesse modelo específico, não saia dizendo aos quatro cantos que não há nenhum homem bom disponível porque existem muitos. O que nos deixa irritados é o fato de as mulheres fortes, independentes e exigentes demais se recusarem a reconhecer que talvez um dos maiores motivos para estar sozinhas seja porque estreitaram demais suas possibilidades ao se limitar aos candidatos absolutamente perfeitos, ignorando os bons sujeitos que estão ao seu alcance.

Isso nos faz lembrar de quando tínhamos 12 anos e dizíamos a todo mundo que, quando crescêssemos, queríamos jogar na seleção de futebol e ficar muito ricos. Apesar de haver milhões de garotos com o mesmo sonho, somente alguns conseguirão de fato chegar lá, e em algum momento da vida percebemos que não seremos nós. Consequentemente, ajustamos nossas expectativas e estabelecemos um objetivo profissional mais razoável, mais ao nosso alcance.

Essa lógica deveria ser aplicada ao namoro. Se você acha que seu MBA, sua conta bancária e outros atributos a qualificam para vestir a camisa 10 — ficar com a nata dos solteiros, os caras mais bacanas, bonitos, inteligentes, educados e ricos, além de todas as outras coisas que uma mulher espera de um homem —, brigue por isso. Mas, se continuar ficando para trás a cada jogo, não fique amargurada. Não há nada pior ou mais chato para uma mulher do que um sujeito maduro com nada além de algumas notas no bolso e o sonho do que poderia ter sido, feito ou conseguido se ao menos tivessem lhe dado uma oportunidade. Ele está duro, desempregado e amargurado porque não conseguiu enxergar mais longe — recusou-se a reavaliar suas opções.

Os homens entendem: você batalhou muito para chegar aonde chegou e acha que merece e precisa de alguém que tenha batalhado tanto quanto você, obtido a mesma educação e status, e que possua experiências e objetivos semelhantes. Mas existem muitas maneiras diferentes de lutar, e os homens simplesmente não toleram que as mulheres desdenhem seu ideal de sucesso com base em uma noção restrita do que consideram conquistas. Você está basicamente procurando um homem que seja seu gêmeo em termos financeiros e educacionais; você é excepcional sob determinado aspecto e quer que ele seja igual, o que significa que você está limitando suas possibilidades de namoro. Estaria tudo certo se os homens desse seleto grupo também fizessem o mesmo. Mas é bem provável que não, pois salário e educação não são aspectos que os homens mais valorizam em uma companheira. Eles buscam qualidades em um espectro muito mais amplo — alguém que tenha boa aparência, seja acolhedora, gentil, inteligente (o suficiente), estável, não competitiva, alegre, uma companhia divertida. Essas características podem conduzir o homem a outro grupo de mulheres, que talvez seja completamente diferente daquele em que você se encaixa.

O que as pessoas — principalmente os homens — estão tentando lhe dizer é que talvez seja melhor rever suas prioridades e se concentrar nas características que definem um verdadeiro relacionamento, construído sobre uma base sólida. O homem que tem um emprego e um carro mais simples, que é atraente, respeitoso e confiável, pode não a ajudar a alcançar todas as suas aspirações financeiras, mas será que não possui as qualidades de que você precisa para construir uma boa relação e uma vida juntos? Digamos que aquele sujeito que dirige um carrão e que tem uma coleção impressionante de diplomas, com salário e nível de instrução condizentes com suas expectativas, não seja confiável e honesto e seja, sei lá, horrível na cama. Você ainda seria capaz de colocá-lo na relação de homens perfeitos?

Existem muitos homens bons e dispostos a agir corretamente, se você permitir. E você tem todo o direito de procurar o que quer e de manter-se firme em seu objetivo até conseguir o que deseja. Lembre-se apenas de que é você quem está limitando suas possibilidades e de que, se terminar sozinha, a culpa é sua. Nós não gostamos de ver você sozinha, mas certamente não somos culpados disso.

MITO **NÚMERO 5**

Os homens que namoram e se casam com mulheres independentes são preguiçosos e estão apenas em busca de alguém que os sustente

A VERDADE: É claro que existem caras querendo tirar vantagem das mulheres com dinheiro. Mas não é uma característica cultivada pelos homens, nem mesmo remotamente. Na verdade, esse tipo de comportamento contraria cada célula do nosso corpo. Para a mulher, é admitir a fraqueza e o fracasso; para um homem, é a pior coisa do mundo. Queremos que as mulheres nos achem fortes e capazes — principalmente as que amamos. Fomos criados para acreditar e internalizar a antiga ideia de que o homem deve proteger e sustentar. Uma vez que isso esteja claro, não há muito espaço para fantasias com uma princesa rica que surge do nada para assumir a responsabilidade por nossa subsistência. Uma coisa é aceitar agrados de uma mulher que gosta de presentear; mas, se ela tiver que ajudá-lo para que ele tenha o que comer e onde dormir, e para que possa comprar roupas e sustentá-lo, porque ele não consegue sobreviver por sua própria conta, ele não vai ficar por perto durante muito tempo. Você não acredita? Por que acha que há tantas famílias sem um pai por perto? Alguns homens vão embora porque não conseguem ficar em casa por não ter condições de sustentar sua mulher e seus filhos. Infelizmente, as duas coisas estão ligadas: um homem não consegue se ver como um bom pai se não conseguir sustentar a família. Em nossa cabeça — assim como na de vocês e na do resto da sociedade —, renda e paternidade estão intrinsecamente ligadas. Por isso, se não é capaz de prover o sustento, a última coisa que deseja é que alguém — principalmente sua mulher — o acuse de não ser um homem completo. O resultado disso é que ele acaba indo embora antes de ser chamado de aproveitador pela "mãezona".

Entretanto, não significa que os homens não estejam dispostos a aceitar ajuda. A disposição em abrir o coração e fazer um sacrifício pessoal para que tenhamos algo melhor jamais será ignorada. Na verdade, isso só mostra o tipo de mulher que você é — que tipo de parceira podemos esperar se decidirmos juntar nossos trapos. Sem dúvida, Marjorie me conquistou com sua disposição para ser generosa. Ela ficou ao meu lado quando deixei de ganhar muito dinheiro e fiquei sem um centavo. Eu tinha desistido do meu programa de rádio em Los Angeles, e o programa de TV, *Steve Harvey's Big Time*, havia sido cancelado. Para piorar, era verão, época difícil para turnês de comediantes. Assim, de junho a agosto, eu não conseguiria ganhar dinheiro com as apresentações. Ainda estava preso a um processo de divisão de bens e tinha me mudado para Nova York sem ter onde morar. Marjorie percebeu tudo isso, mas não disse: "Sabe de uma coisa? Acho melhor não me envolver com você." Em vez disso, essa mulher, extremamente forte e independente, que vivia em sua própria casa, que ajudava a família a tocar o próprio negócio, criava seus filhos e tinha sua vida, me abriu as portas. Literalmente. Ela me levou para sua casa em Memphis e disse: "Steve, podemos morar aqui."

Olhei em volta e disse a mim mesmo: "Bom, até que este lugar é bem bonito." Ela havia decorado tudo com muito capricho e era uma ótima dona de casa (tudo era absolutamente impecável), mas a casa era pequena e não tinha portão. Tentei explicar que até aquele momento, depois de anos de muita luta, eu estava muito bem profissionalmente, e agora pretendia retomar minha carreira e seguir em frente, apesar dos contratempos, e que uma casa sem portão poderia ser complicado para uma celebridade. Mas ela não se importou com nada disso. Continuou dizendo: "Você não precisa me dizer isso." Ela tinha seu próprio dinheiro e suas lutas pessoais, mas estava disposta a dividir tudo comigo desde que eu oferecesse o que ela queria em troca: que eu agisse como pai para seus filhos, que fosse fiel como marido e um parceiro com quem ela pudesse dividir seus sonhos para o futuro e que a fizesse se sentir segura.

Para ela, o que importava eram a família e a qualidade do nosso relacionamento. Isso dizia muito sobre o que ela pensava da vida e mostrava que o que ela queria era muito mais do que uma conta bancária.

Minha intenção ao desconstruir esses mitos é ajudá-la a esquecer essa ideia de que as mulheres fortes e independentes não conseguem encontrar um homem porque temos medo da sua força. Não temos medo de vocês. Aplaudimos seu sucesso. Não queremos que vocês cuidem de nós. Não temos problemas com o fato de ganharem mais dinheiro. Na verdade, queremos que sejam felizes. Não nos divertimos com sua solidão. Mas nos preocupamos com sua postura em relação às coisas materiais, aos outros e a nós mesmos quando estamos por baixo e passando por um período de transição.

4

Nem todo "papai" é bonzinho

Entendo por que é tão fácil ceder.

O cara aparece na sua porta oferecendo presentes — digamos que uma bolsa nova, último lançamento da Fendi, um par de sapatos Christian Louboutin para combinar com aquele vestido sexy que ele colocou em sua cama no mês passado, ou um par de brincos de diamantes imensos combinando com um bracelete tão brilhante que seu pulso fica parecendo uma constelação. Os presentes também podem ser mais práticos — um cheque para pagar o condomínio, a prestação do carrão que você anda dirigindo, uma diária naquele spa que você adora e que a deixa do jeitinho que você (e ele) gosta ou um tratamento naquele salão superbadalado para deixar seu cabelo lindo e as colegas de trabalho morrendo de inveja. Caramba, ele pode aparecer trazendo algo tão básico quanto um saquinho de doces ou o dinheiro para o almoço das crianças.

Qualquer que seja o presente, você ficará feliz, não é mesmo? Porque você não desembolsa dinheiro e, o que é mais importante, sente que esse homem se importa — quer que você fique bem, viva confortavelmente, coma direito e tenha algumas necessidades e até desejos satisfeitos. Quem não iria gostar, principalmente se, ao lhe dar esses presentes, ele demonstra o que parece um afeto verdadeiro?

Mas você sabe que esse tipo de cara antigamente era chamado de "papai", aquele sujeito doce que cuida de você como um pai — lhe dá roupas, comida, abrigo. Ele dá tudo isso com uma doçura incomparável, mas tem expectativas que nenhum papai jamais teria em relação à própria filha. O lema do "papai" é: seja doce com ele, e ele será doce com você.

Atualmente, esse tipo tem outro nome: padrinho. Não importa como o chamem; nós, homens, nos referimos a eles apenas como galinha e a vocês como mulheres dispostas a se prostituir sem nem perceber.

Sim, foi isso que eu disse.

Claro, você pode estar ganhando coisas bacanas, mas, honestamente, aceitar presentes de um cara sem conseguir o que deseja em troca nada mais é do que adiantamento por prostituição. Veja bem, nós homens entendemos isso: há um "custo" — direto ou indireto — associado ao sexo. Podemos comprá-lo na boate de striptease, num bordel ou na internet, ou podemos levar uma mulher para jantar e ao cinema, pagar seu aluguel, comprar joias, bancar o cabeleireiro ou dar-lhe dinheiro. De qualquer maneira, se estivermos gastando, é porque esperamos ter algo em troca: sexo.

Acredite: não há nada de doce em dar tanto de si mesma a um homem que, no fim das contas, lhe dá tão pouco em troca. Ah, pode parecer que ele está lhe dando o mundo. Um papai/padrinho/galinha se esforçará para parecer que ele faria tudo por você. Mas quem está basicamente pagando para ter sexo jamais se sacrificará de verdade, jamais fará alguma coisa que comprometa seriamente o próprio saldo. Ele continuará com esse jogo enquanto passar despercebido e não interferir com um relacionamento importante para ele.

Ele não pagará seu aluguel se não puder pagar o dele mesmo.

Ele não comprará um carro para você se não tiver um.

Ele não fará suas compras se a geladeira dele estiver vazia.

Ele não a levará a uma festa se outra mulher com quem ele se importa mais também quiser ir.

E ele certamente não se apaixonará só porque você transa com ele.

Na minha área de trabalho isso acontece com muita frequência. Homens com recursos — celebridades, atletas, banqueiros, executivos — têm duas, três ou até mais mulheres, e cada uma delas é a orgulhosa destinatária de um pacote de patrocínio: elas podem receber dois mil dólares para pagar o aluguel em um condomínio luxuoso, talvez setecentos dólares para a prestação do carro, trezentos dólares para gastos com unhas e cabelos, um par de sapatos caros ou um vestido de vez em quando. Somando tudo, essas mulheres até que recebem algo bem valioso, certo? Têm um lugar para morar, um carro, uma bela aparência da cabeça aos pés — tudo com o dinheiro de outra pessoa. Mas o que elas ganham de seu padrinho não vale muito no esquema geral; se ele está ganhando milhões, três mil dólares não significam nada para ele. A mulher que recebe esse tipo de patrocínio vale muito pouco — o equivalente a uma gaveta cheia de meias de caxemira Marcoliani, ou algumas gravatas Hermes, ou um belo par de abotoaduras. É como se ele estivesse lhe dando esmola.

Se você estiver envolvida com alguém assim, nem precisa pedir essa esmola. Os verdadeiros "papais" sempre se oferecem para ajudar no que for necessário antes mesmo que você peça — nós pegamos tudo com uma conversa, vemos com os próprios olhos. Você chega em um carro que parece estar nas últimas? O papai lhe dá um carro ou paga o táxi para onde quiser ir. Um padrinho em potencial chega à sua casa e percebe que os móveis parecem ser da década de 1950 e que seus filhos se vestem como se ainda estivessem nos anos 1970: ele imediatamente providenciará algum dinheiro para novos móveis ou roupas novas. O papai sai com uma mulher, olha para seus pés e pergunta que número calça. Pode acreditar, ele registra o número e, algumas semanas depois, quando ela nem se lembra mais disso, aparece com um belo par de sapatos na numeração perfeita. Com os sapatos ele consegue um beijo. E, quando lhe perguntar que número usa, algumas semanas depois irá trocar um vestido por um abraço e um beijo e, talvez, algo mais. A mulher não disse que queria nada disso, mas também não recusará. O dinheiro e os presentes são iscas, e o "papai" sabe que ela está caindo na rede dele.

Assim, continua a lançar outras iscas, pois está investindo nela. É apenas uma maneira habilidosa de lhe dar o que *ela* valoriza — uma forma de fisgá-la sem sacrificar qualquer coisa que ele realmente queira ou de que necessite. E que tipo de retorno obtém com esse investimento? Algo que nenhum homem deveria ser capaz de comprar: seu amor, sua devoção e seu corpo — três coisas absolutamente sem preço.

Pode acreditar, um galinha não precisa ser rico para oferecer essas coisas. O trabalhador comum tem tanto conhecimento do investimento em mulheres quanto o homem mais rico do planeta. Está com pouco dinheiro e acabou o leite? Eu trouxe algumas compras, comida de bebê e pirulitos para as crianças. Está sem dinheiro para pagar as contas? Aqui está algum para o telefone e a luz. O carro está com problemas? Ele pega o carro, troca o óleo e dá uma calibrada nos pneus. Ele não precisa ter muito dinheiro — só enxerga a carência e a preenche, às vezes sem custo algum ou com um custo mínimo.

Por favor, entenda que há uma diferença entre o homem que sustenta e aquele que está apenas investindo. Como já disse, o homem que ama de verdade faz três coisas: declara seu amor publicamente, a protege em todas as circunstâncias e a provê, mesmo que isso signifique ficar sem nada para ele mesmo. Ele não irá gastar dinheiro com inutilidades e nem lhe dará sobras; também não irá lhe dar uma pequena parte e ficar com o resto para si. Se for um homem de verdade, deixará de comprar coisas para ele mesmo para cumprir com a responsabilidade de cuidar de você; abrirá mão de um novo par de chuteiras ou de um belo terno se souber que a mensalidade da escola está atrasada. Isso porque cuidar de você — mesmo sacrificando algumas de suas necessidades — significa cumprir seu papel e propósito como homem que mostra seu amor verdadeiro pela mulher.

Um homem que compra bugigangas e quinquilharias mas lhe recusa o que você realmente quer — uma relação verdadeira, monogâmica e amorosa — está apenas a usando. Está pagando seu aluguel e as despesas do carro, mas só porque espera algo em troca, e a partir do momento que isso começar a ficar caro, ele vai cair fora. Essa ajuda pode fazê-la sentir-se grata por estar com ele, mas na verdade você está sendo enganada — mantida em compasso de espera até ele decidir partir para outra. Ele está comprando carinho, sexo, amor e afeição, um lugar para esfriar a cabeça e fugir de seus possíveis problemas — como uma esposa ou namorada ranzinzas, a competição acirrada no trabalho ou as pressões inerentes à criação dos filhos com uma ex difícil. E, apesar de permitir que ele gaste com você e lhe dê tudo, você está comprometendo seus padrões e deixando de receber o que a maioria das mulheres busca num homem: compreensão, carinho, companheirismo, disposição para se abrir, crescer com você e se sacrificar de verdade. Ele pode convencê-la de que está com você porque encontra paz em seus braços, embora *você* não encontre paz alguma.

Um verdadeiro artista sabe como manipular suas necessidades; sabe muito bem do que as mulheres precisam: alguém com quem dividir a vida e que as faça sentir-se seguras. Não posso dizer que essas são as únicas coisas que as mulheres procuram porque não sou uma, mas sempre foram importantes para todas aquelas que conheci. Como caçadores, os homens entendem esse sentimento, por isso jogamos a isca que atenda a essas necessidades, sabendo que, se tiverem essa ilusão, conseguiremos tudo de vocês.

É claro que algumas relações são construídas com base nisso; o mundo está cheio de mulheres que não querem nada além de um bom patrocínio — ter o dinheiro do homem sem qualquer obrigação para com ele. Para cada mulher desse tipo, existem vinte homens querendo um programa desses porque, assim como ela diz que não quer nada além de dinheiro, é claro que ele não quer nada além do sexo que pode conseguir. Se um homem encontra uma mulher com o tipo físico que lhe agrada e ela deixa bem claro que não quer nada além de uma pequena ajuda financeira, ótimo: estamos acostumados com isso. Temos que pagar pela companhia e pelo sexo de qualquer maneira. Assim, em vez de levá-la para jantar, conquistá-la e seduzi-la, vamos fazer um pacote e chamar tudo de aluguel. Em vez de levá-la para viajar, vamos juntar todo o dinheiro necessário e chamar de despesas com o carro. E, uma vez pagas essas coisas e passado o momento da paixão, estamos quites. Se você não quer nada emocionalmente, sabe de uma coisa?, nós também não queremos. Os homens não são burros — eles sabem quando estão atrás do seu dinheiro. Mas sabem o que fazem quando topam esse tipo de relacionamento, pode acreditar. Você não está enganando ninguém. E, no momento em que decidir que está aborrecido e cansado do jogo, simplesmente partirá para outra — outra mulher mais excitante do que você ou outra a quem ele decidiu entregar seu coração. Ele é mestre nesse jogo. Sabe como as coisas acontecem.

A partir do momento em que começar a esperar mais dele você estará encrencada. Pode até ter gostado de ser mimada, mas, como acontece com qualquer vício, vai quebrar a cara; vai cair na real e perceber que precisa de algo consistente. Mas não vai conseguir. Terá o número do celular, mas não poderá ligar para o telefone fixo; será convidada para ir à "casa" dele, mas o lugar vai parecer que não é habitado (o que significa que provavelmente tem um lar de verdade em outro lugar, com alguém); jamais conhecerá a família ou fará programas com casais amigos dele (porque ninguém — principalmente as namoradas dos amigos, que devem ser amigas da verdadeira namorada — pode ver você); jamais poderá sentar ao lado dele na igreja (mesmo o pior dos cafajestes não vai forçar a barra com o Senhor assim). Ele é generoso, mas não irá dividir a vida com você.

Você não terá um companheiro de verdade. Não conseguirá fazer com que ele a proteja, a reconheça e cuide de você, e que realmente mostre e prove seu amor. E o pior é que, quando o cara certo aparecer, você não irá reconhecê-lo, pois seus padrões e seu nível de exigência estarão fora do alcance do que a maioria dos homens bem-intencionados é capaz. Digamos que perderá o cara que pegaria você na hora combinada e que a apresentaria aos amigos, e que no domingo de manhã se sentaria a seu lado na igreja mas que não tem dinheiro para pagar seu aluguel. Esse homem está disposto a lhe oferecer carinho, compreensão, companheirismo e atenção, mas não terá chance porque você se vendeu para conseguir pagar o carro e o aluguel.

Será que o carro e o aluguel valem tanto a pena quando o que você quer é um relacionamento firme, seguro e amoroso?

Então, como é fugir dos mimos e encontrar algo com mais consistência? Retome ao que eu disse em *Comporte-se como uma dama, pense como um homem*: estabeleça alguns padrões e algumas exigências. Um homem só pode agir como "papai" se você aceitar ser "mimada". Acredite em mim — já vi isso milhões de vezes. Tenho muitos amigos que já bancaram o papai mais vezes do que estão dispostos a admitir. Um desses caras tinha uma legião de mulheres maravilhosas com as quais viajava por todo o país; vivia comprando coisas para mantê-las interessadas e administrava suas idas e vindas como se trabalhasse no controle de voo do aeroporto. As horas de chegada e de partida eram sua única preocupação. Certa vez vi o porteiro do prédio dele cumprimentá-lo e dizer: "Senhor, eu me divirto com suas visitas." Ele não fazia nada por essas mulheres — não declarava seu amor, não as levava às reuniões de família, elas não podiam aparecer de repente, não eram convidadas a participar de sua vida. Eram oferecidas apenas cotas de patrocínio.

Então ele conheceu sua cara-metade, uma linda mulher com a cabeça no lugar que deixou claro que não entraria naquele jogo. Fez questão de dizer que não estava interessada em quanto ele ganhava ou no que ele fazia; só queria um homem que a amasse e fosse fiel. Também disse que não poderia ser comprada — não com as coisas que ele costumava dar para as outras mulheres. Seu preço era muito mais alto: ela lhe disse como ele iria tratá-la, como iria lidar com ela e como iria demonstrar seu amor. E ele aceitou o desafio. Juro, viver com uma mulher assim é viver corretamente: quaisquer que tenham sido as besteiras que você fez antes, elas têm que acabar; se quiser ficar com ela, tem que fazer o que ela quiser. Ela também deixa clara sua disposição de ir embora caso você não aja rápido e corretamente.

Esse é o poder que vocês têm em um relacionamento de verdade. Convencer um homem a lhe dar coisas não é sinal de força. Quando aceitam a tutela de um papai, as mulheres estão apenas adiando a verdadeira felicidade, porque um dia o sujeito acabará indo embora. O relacionamento é quase sempre temporário. É claro que alguns homens realmente tentam ajudá-la, mas a maioria está apenas passando o tempo. O segredo para determinar a diferença é descobrir se *você* está recebendo aquilo de que precisa e que realmente quer. Se estiver aceitando ajuda mas perceber que o relacionamento não está indo a lugar algum — ele não telefona, não aparece quando combinado, ele a trata como bagre e não como garoupa (veja o glossário) — é porque você está sendo usada.

Não posso e não vou lhe dizer para não aceitar presentes de um homem; ele pode muito bem ser o homem dos seus sonhos, que quer apenas lhe dar algo bacana porque é assim que trata a mulher sem a qual não consegue viver. Mas tenha certeza de que ele não quer algo em troca. Seu trabalho é deixar claro o que *você* deseja e mostrar a ele que o verdadeiro presente que pode receber — aquele que aceitará de coração aberto — não é material, mas amor de verdade. Se ele não puder lhe dar isso, afaste-se.

Entendeu o que estou dizendo? Afaste-se. Esqueça.

Você precisa estar disposta a fazer isso para conseguir o que deseja. Não tenha medo; se esse homem lhe der apenas coisas materiais, e não for do tipo que você quer, precisa e merece, deixe-o e mantenha-se aberta para alguém melhor — o homem que estiver disposto a fazer o que for necessário para ficar com você.

Parte II

Encontrando um homem

5

O IMPASSE

Ele não assume um compromisso, e você não se afasta. E agora?

Vocês estão namorando há anos. Suas amigas, sua irmã e até sua pior inimiga já lhe disseram que está na hora de ele assumir um compromisso, mas ele não se decide.

Parece familiar? Saiba que você não é a única que está tentando entender por que ele ainda não se definiu. Mulheres solteiras falam disso em praticamente todos os programas de televisão, em quase todas as revistas femininas e em todos os salões de beleza — os homens não querem saber de compromisso. Não estamos interessados nem nos preocupamos com casamento. Existem muitas estatísticas para comprovar: em 2008, por exemplo, uma pesquisa realizada pelo censo americano revelou que a porcentagem de homens e mulheres acima dos 15 anos casados beira os 50%, o que significa que uma parcela considerável de mulheres com idade suficiente para estar comprometida não tem aliança, assim como cerca de 46% dos homens nessa faixa etária. Além disso, o número de homens e mulheres que sobem ao altar está caindo a cada ano, a ponto de fazer soar o alarme entre aqueles que estão à procura de um cônjuge.

Tempos difíceis se você estiver pensando em se casar.

Acontece que, enquanto a sociedade continua dizendo às meninas, moças e mulheres adultas que elas precisam se casar para estarem completas e seguras, ninguém diz isso aos meninos e homens. Na verdade, praticamente desde que saímos do útero, nos dizem para não termos pressa. Conforme ficamos mais velhos, conservamos firmemente o que consideramos motivos racionais e sensatos para permanecer solteiros: é mais fácil morar com uma mulher do que ser casado com ela; é melhor esperar para ter filhos; fazemos mais sexo se continuamos solteiros; a mulher com quem nos casarmos tem que ser absolutamente perfeita para nós; é mais barato permanecer solteiro do que pagar pensão; e eu já mencionei que fazemos mais sexo se continuamos solteiros? Precisamos ter um bom emprego e dinheiro no banco antes de pensar em assumir a responsabilidade por uma mulher e filhos; não precisamos mudar ou assumir qualquer compromisso se continuarmos solteiros; e, ah, é claro, fazemos mais sexo se continuamos solteiros.

Com todos esses motivos absolutamente racionais e sem pressão de quem quer que seja para que nos casemos, não é de admirar que metade dos homens com idade suficiente para isso não se case. Mas isso não significa que sejamos *incapazes* de assumir um compromisso. Na verdade, assumimos inúmeros compromissos: jogos de golfe; partidas de futebol; visitas quinzenais ao barbeiro; nossos empregos; nossos filhos; financiamentos; nossos amigos.

E, é claro, a mulher que amamos.

Os homens assumem os compromissos quando são obrigados — quando as consequências de não o fazermos são claras. Veja bem, um homem não faz nada sem que tenha um bom motivo. Ele se compromete com o jogo de golfe porque sabe que, se perder a hora, não vai conseguir outra vaga tão cedo; chega na hora marcada para o futebol porque sabe que, se não o fizer, pode ficar fora do time até o segundo tempo; cumpre os horários marcados no barbeiro porque sabe que, se não aparecer na hora combinada, pode acabar nas mãos de um principiante. Ele cumpre seus compromissos no trabalho porque precisa garantir o salário; paga as contas em dia porque sabe que, se atrasar, vai pagar multa e juros.

Os homens fazem todas essas coisas por causa da repercussão e dos problemas que podem ter se não arcarem com seus compromissos. O mesmo vale para um homem que sabe que perderá a mulher que ama se falhar com ela. E vamos ser francos: embora metade dos homens em idade de se casar não esteja casado, a outra metade está, e milhares de casamentos são realizados todos os dias. Por quê? Porque muitos homens são capazes de cumprir o compromisso com as mulheres. Esses homens não se deixam intimidar por elas (por mais bem-sucedidas que sejam), não têm vergonha da sua situação, não são covardes nem têm medo da responsabilidade ou de perder a liberdade. Eles se casaram ou estão se casando porque amam as mulheres com quem trocaram alianças e, igualmente importante, porque essas mulheres fizeram do casamento uma exigência para que o relacionamento continuasse.

Vocês podem dizer que sou um romântico incurável, mas realmente acredito que o homem ideal para você está por aí, e que uma relação sólida, estável e amorosa é possível. Eis a dificuldade: descobrir que o compromisso começa e acaba em você. Eu sei que isso joga a responsabilidade toda nas suas costas. Mas a verdade é que as mulheres realmente têm a força em suas mãos lindas, delicadas e bem-feitas. Eu disse isso em *Comporte-se como uma dama, pense como um homem*, mas vale a pena repetir: um homem não poderá conversar com você, beijá-la, segurar sua mão, telefonar para sua casa, levá-la para sair ou puxar os lençóis do seu lado da cama sem a sua permissão — ponto final. Você tem o poder de decidir se vamos parar com as nossas besteiras de uma vez por todas ou se vamos cair fora. Realmente não podemos tomar nenhuma decisão importante sem a sua ajuda. Pense bem: um homem não pode concorrer à presidência se não tiver uma esposa; os outros caras não admitiriam que um homem tivesse todo esse poder e mais uma nação inteira de mulheres — até mesmo as deles — suspirando por um presidente solteiro. Além disso, todos sabemos que as mulheres levam todo tipo de nuances necessárias ao Planalto Central. Um homem que trai a esposa e tem um filho fora do casamento não pode concorrer à presidência porque seu caráter é questionado; ambas as mulheres — a esposa e a amante — têm poder de mantê-lo longe do cargo público mais alto do país. Isso é poder. Um governante que suspira pelo amor de uma mulher do outro lado do mundo conta um monte de mentiras aos assessores, à esposa e aos filhos para que possa estar com sua amada — não importa quais sejam as consequências. Isso é poder. Se tivermos filhos juntos, quase sempre a lei lhes dará a guarda deles. Diabos, não podemos fazer esses bebês sem vocês. Isso é poder. As mulheres nos ajudam a controlar nossos piores instintos; é como se vocês fossem nossa bússola moral, mantendo-nos ajuizados e longe de uma vida de libertinagem ridícula e regada a álcool. Muitos de nós seríamos garotos perdidos agindo como idiotas o dia todo, todos os dias, durante trinta anos. Gastaríamos cada centavo com garotas de programa, em bebedeiras e fazendo coisas estúpidas a cada segundo se não fosse pelo amor e pelo respeito que sentimos por nossas mulheres, e pela fé que elas têm em nós, mantendo-nos sob controle. Isso é poder.

Não apenas precisamos de vocês como também queremos vocês.

Mas, se você quiser mais do que um relacionamento casual atrás do outro, terá que mostrar a ele o caminho para o seu coração e fazer com que ele se esforce para chegar lá. Você deve conhecer esta passagem da Bíblia: "Daquele a quem muito é dado, muito será exigido." Esse precisa ser seu lema — seu *modus operandi* — se quiser que o homem assuma um compromisso; você precisa fazer com que ele entenda que você tem muito a oferecer e que pretende usar sua força para o bem dos dois, mas apenas se ele atender às *suas* exigências. Para fazer com que seu homem assuma um compromisso, você precisa ter algumas coisas em mente.

Como fazer um homem assumir um compromisso

1. Esteja preparada para o compromisso

Nunca me esquecerei da lição que minha mãe me ensinou sobre como me preparar para uma bênção. Eu morava com meus pais, estava tentando encontrar meu caminho e me preparando para coisas grandes — nessa situação em especial, um carro novo. Meu carro velho estava apoiado em blocos de concreto na entrada da garagem da casa dos meus pais, e eu estava economizando e conversando com vendedores, olhando todos os anúncios, procurando uma coisa melhor. Certa manhã, enquanto tomávamos café, falei, querendo ouvir algumas palavras de apoio:

— Mãe, tenho trabalhado bastante. Vou conseguir um carro novo.

A princípio, ela não disse nada — apenas assentiu com a cabeça. Depois, me lembrou:

— Seu carro velho está lá em cima dos blocos.

Alguns dias depois, falei de novo sobre minhas intenções, e mais uma vez ela assentiu com a cabeça e repetiu o que parecia óbvio:

— Seu carro velho está lá em cima dos blocos.

Por mais que tentasse, eu não conseguia entender por que minha mãe, que normalmente me dava tanto apoio, demonstrava tanta falta de entusiasmo com meus planos de comprar um carro novo. A única coisa que fazia sempre que eu tocava no assunto era repetir a frase "seu carro velho está lá em cima dos blocos".

Quando ela disse isso pela quarta vez, não aguentei:

— Mãe, por que todas as vezes que eu falo de um carro novo, você me lembra do carro velho?

Ela ficou em silêncio por alguns segundos. E depois explicou:

— Se Deus lhe der um carro novo, onde vai guardá-lo? Seu carro velho está lá em cima dos blocos. Se vai pedir alguma coisa a Deus, aja como se ele fosse lhe dar e prepare-se para receber.

O que ela disse fazia todo o sentido do mundo. Eu não estava preparado para ter um carro novo porque o velho estava lá fora ocupando o espaço na entrada da garagem. Como se fosse lixo. Mesmo que eu ganhasse um carro novo em um sorteio, não teria um lugar para guardá-lo a não ser que arrumasse a bagunça. E foi isso que fiz. Paguei para que tirassem o carro de lá, mandei arrumar o piso e tirei os blocos de concreto; preparei a entrada para meu carro novo. Dois meses depois, entrei dirigindo naquele espaço arrumado e agradeci a Deus pela bênção. Finalmente estava preparado para recebê-la.

Contei essa história porque acredito simbolizar o que as mulheres que realmente desejam um relacionamento sólido precisam fazer para obter a graça. Você não vai conseguir o homem que deseja se continuar a manter todo o lixo — e toda a bagagem do último cara que agiu mal com você, um ex de quem você não se afasta — em sua vida. Não haverá espaço em seu coração se o cara com quem estiver namorando, mesmo que não seja o cara certo para você, continuar por perto. Vocês podem se tocar de vez em quando e fazer coisas para que o outro se sinta bem, mas no fundo você está solitária, ele não está ao seu lado quando você precisa, e essa relação não vai chegar a lugar algum. Ele é como aquele carro velho ocupando espaço na entrada da garagem.

Isso vale também para as coisas que estão bloqueando seu coração e sua mente, impedindo que você fique disponível para uma nova pessoa — um divórcio, a amargura pela relação que deu errado, o apego ao mito de que todos os caras legais já estão comprometidos, a ideia de que é melhor ter vários homens com quem se divertir do que tentar fazer uma relação funcionar. Tudo isso mantém seu coração obstruído — faz com que você procure em todos os caras que conhece as mesmas coisas erradas que acabaram com suas relações anteriores; você se apega à amargura, continua pensando nas coisas ruins, quando deveria se concentrar em procurar coisas boas.

Você precisa parar de procurar todos os sinais de que esse novo homem irá magoá-la. Pare de andar com o cara que só está fazendo você perder tempo, esqueça a mágoa, a raiva e o ressentimento deixados pelo divórcio. Chame o reboque e mande embora todo esse entulho; prepare-se para receber o homem que a merece.

2. Crie uma cerca em torno do seu coração

Para isso, você primeiro precisa esquecer todos os estereótipos que sempre pintam os homens com características negativas. Ao contrário da crença popular e de todas as informações passadas pelas mulheres de uma geração para outra, existem homens bons. Não há como saber isso pelas histórias sobre homens que as mulheres contam umas às outras: "Todos os que valem a pena têm dona", "Os homens não querem assumir compromissos, só querem se divertir", "Eles só querem fazer sexo com o maior número possível de mulheres, sem se preocupar com nossos sentimentos". Se continuar ouvindo essas histórias, você irá internalizá-las e transferir os estereótipos para todos os homens que surgirem à sua frente — independentemente de se encaixarem no molde ou serem sua antítese. Uma vez gravada essa imagem na sua mente, você definirá a postura com que irá se apresentar aos homens que cruzarem seu caminho. Você sabe como funciona: ele pode encontrá-la em uma gloriosa tarde de sábado no parque — o sol está brilhando, os pássaros cantam, ele é charmoso, engraçado, inteligente e bonito, exatamente como você quer, mas lá no fundo você continua considerando as histórias que suas amigas contaram. Quando ele disser a primeira coisa errada, você começará a fazer especulações e mudará sua postura. De repente, o sorriso dá lugar a uma atitude defensiva. Desaparece também a graça. A esperança acaba, e surge a preocupação. Tudo porque ele disse que não está pensando em casamento agora ou que não quer ter filhos por enquanto. E podia estar querendo dizer: "Não quero casar antes de terminar a faculdade", mas, como você estava pensando em todos os estereótipos, ouve: "Não quero me casar nunca."

Você acaba criando uma muralha com arame farpado no alto. Pode ter certeza de que poucos homens estarão dispostos a escalar um obstáculo desses. Sua postura, sua abordagem, sua energia não são acolhedoras — não há nada que diga aos seus pretendentes: "Estou disponível e, em condições adequadas, aberta ao amor." Por trás da muralha que construiu, você pode estar gritando da janela da torre com um megafone, mas ele não irá ouvir porque você estará muito distante, muito protegida.

Não me entenda mal: não há nada de errado com seus padrões. Na verdade, eu sempre disse que você tem todo o direito de estabelecer padrões — e *deve* tê-los se quiser conquistar um homem que leve o relacionamento a sério. Mas seus padrões e seu nível de exigência refletem o que você é e o que é capaz de dar em troca? Porque não há muitos homens dispostos a encarar uma situação que não seja justa. Lembro-me de quando apresentei *Comporte-se como uma dama, pense como um homem* no programa da Oprah. Havia uma mulher na plateia que disse ter uma lista com 236 normas e exigências, e, se um homem quisesse ficar com ela, teria que cumprir todas. Lembro que uma das regras dizia que o homem deveria ter pelo menos 1,90m de altura, boa estrutura e ombros largos — e ela não tinha intenção de aceitar quem não se encaixasse no perfil. Eu fiquei lá sentado, pensando: "Se eu tivesse 1,90m de altura e ombros largos, não ficaria com uma mulher baixinha e gordinha. Quer dizer que eu vou para a academia malhar, como legumes e tofu, enquanto você se delicia com costelinhas de porco? Não, senhora."

Você pode estabelecer todos os padrões que desejar e exigir que o homem escale sua muralha com arame farpado só para sair uma ou duas vezes com você. Mas a última coisa que vai querer ouvir quando ele chegar lá em cima é: "Caramba, você me fez subir até aqui e isso é tudo o que tem a oferecer?" Por que ele precisa ser milionário se você trabalha como balconista? Por que exigir que ele tenha vários diplomas se, apesar da sua inteligência, você parou de estudar quando terminou o ensino médio? Por que ele tem que ser dono de uma empresa se você não consegue nem bancar a despesa da condução para ir trabalhar? Por que esperar que ele a trate com respeito, seja gentil e carinhoso se em todos os testes psicológicos que você fez apareceram as palavras *autoritária* e *agressiva*? Isso é o que as pessoas querem dizer quando sugerem que seus padrões são muito altos. Você pode tê-lo conhecido porque estava usando uma minissaia e exibia um belo bronzeado, mas ele não vai parar e reparar, muito menos escalar esse muro alto que você construiu a menos que lhe dê um bom motivo para isso.

Isso não significa que você deve diminuir ou eliminar completamente seus padrões e níveis de exigência. Você não constrói um muro ao redor do seu quintal para depois deixar que alguém entre pisando na grama. Se não tiver padrões e níveis de exigência, um homem pode cancelar um encontro com você no último minuto sem que isso tenha qualquer consequência, pode dormir com você antes dos noventa dias (veja o glossário) e também telefonar duas horas depois do horário prometido ou no meio da noite. Você estará aceitando ser maltratada por alguém para quem o compromisso não tem importância. E acredite: se um homem achar que pode tê-la sem se comprometer, você não vai conseguir fazer com que ele assuma um compromisso.

Se é isso o que você deseja, terá que construir um muro ao redor do seu coração — elevar seus padrões para mostrar que "não é todo mundo que pode chegar e brincar no meu quintal. Se sua intenção é agir sem respeito, vá procurar o quintal de outra". São esses padrões e exigências — que ele a trate com respeito, que telefone no horário combinado, que a leve para sair quando disse que levaria, que seja bom com seus filhos e, o mais importante, que aceite um compromisso — que irão fazê-lo entender que, para pular esse muro, terá que se esforçar. Mas o esforço valerá a pena porque atrás do muro encontrará um belo prêmio: seu amor, seu apoio e sua cerejinha (veja mais no capítulo 8 e no glossário) — as três coisas que um homem precisa ter por inteiro na relação com uma mulher.

Reconheça por que continua disponível

Desde que assiste pela primeira vez a um filme da Disney, a mulher é programada para esperar que um cavaleiro de armadura brilhante apareça em um grande cavalo branco e a leve ao altar, cercada por passarinhos, flores e toda a população da cidade, que a saúda enquanto ela caminha com o Príncipe Encantado em direção ao pôr do sol, e são felizes para sempre. Isso faz parte da cultura feminina, e você começa a receber esse tipo de mensagem ainda criança: aprende que deve se casar, ter uma família e envelhecer ao lado de alguém que você ama e que também a ame. Não há nada de errado em querer realizar esse sonho; e não precisa ser igual aos dos contos de fadas. Mas, se a busca desse sonho está mantendo você presa a um relacionamento que não lhe oferece qualquer esperança de compromisso, nenhuma possibilidade de avanço, e só a faz sentir-se péssima, é porque seu sonho nunca se transformará em realidade. E, embora você não queira ouvir ou aceitar esse fato, a única pessoa responsável por isso é você mesma.

É duro, eu sei, mas é a verdade.

Você está presa a uma relação com um homem que não assume qualquer compromisso porque não está usando seu poder para fazê-lo entender que não aceitará outra coisa. Por favor, compreenda: o homem que a quiser será capaz de atravessar uma fogueira segurando um balde de gasolina se a amar e se estiver claro que, para ficar com você, ele precisa de um compromisso — monogamia e uma aliança. Nós entendemos as consequências; vivemos e morremos por causa disso. Mas, se você deixar que ele continue por perto sem exigir que esclareça quais são suas intenções, se estiver levando o relacionamento sob a premissa de que um homem é melhor do que nenhum, então você terá o que está pedindo: apenas parte de um.

Os homens entendem por que você mantém a relação. Você imagina que é melhor ficar conosco e ter meia felicidade, mesmo que nunca se case nem tenha os papéis que mostrem que você está oficialmente comprometida com alguém, do que se arriscar a ficar sozinha. Mas você precisa abordar a situação de maneira mais racional e entender por que continua com ele; se isso estiver acontecendo por causa de uma das quatro razões a seguir, talvez não seja o melhor para você.

1. Você fica com ele por causa das crianças

Receba meus elogios — é um gesto nobre. Nenhuma criança deveria crescer sem o pai na casa, e faz parte do instinto de proteção querer que os filhos tenham uma estrutura familiar completa. Isso vale muito. Mas o que seu filho ganha percebendo que sua mãe está sempre infeliz? Quem ganha se você passa os dias cozinhando, limpando, cuidando das crianças, esforçando-se e recebendo em troca apenas tristeza e frustração sem conseguir o que realmente deseja? Existe algum ganho se o seu filho não aprende o que é amor e respeito? Já ouvi mulheres dizendo que, pelo bem dos filhos, pretendem manter o relacionamento até que eles se formem. Isso é muito tempo para esperar pela felicidade. É por isso que existe uma coisa chamada visita. Você deveria se informar. E depois fazer planos para ser feliz, especialmente se ele é do tipo que nunca irá assumir um compromisso da maneira que você deseja.

2. Você fica com ele porque espera que um dia lhe dê uma aliança

Saiba que essa aliança nunca virá. Há quanto tempo vocês estão juntos e ele não a pede em casamento? Ele ainda está dando desculpas e fazendo promessas? Nunca quer falar sobre o próximo passo na relação? Diz que não está preparado? Esses são sinais de que você está se agarrando a uma esperança infundada. Ele não vai se casar enquanto não estiver claro que isso é compulsório para que vocês continuem juntos. Afinal, ele diz que a ama. Você lhe deu filhos, e ele lhe é grato por isso. Você dorme com ele. Trata-o com carinho quando ele está triste. A família dele a aceita e você participa das festas da firma. Ele lhe dá todos os benefícios do casamento. Na cabeça dele, não há motivo para oficializar a união. É você que quer se casar. Ele não, e até que você transforme isso em exigência ele não tomará uma atitude.

3. Você fica com ele porque o sexo é bom

Os fogos de artifício noturnos aumentarão a sensação de vazio e de solidão pela manhã. Já vi muitas mulheres dizerem: "Eu não o suporto — ele não faz isso, não faz aquilo, mas as luzes começam a girar e as estrelas surgem no céu quando vamos para a cama!" Sua performance é tão marcante, esse momento de gratificação é tão viciante, que todos os aspectos negativos são ignorados por um momento de prazer sexual. Mas deixe-me lembrá-la de que ele não é o único homem que pode satisfazê-la. Se quiser realmente viver uma experiência incrível, encontre um homem que a adore, que a trate como você merece e que atenda os desejos do seu coração. Veja o que acontece. Estará reduzindo suas chances de ter algo realmente gratificante enquanto continuar presa ao cara errado.

4. Você fica com ele por causa do dinheiro

Saiba que você está vendendo sua felicidade pela oferta mais alta. Digamos que ele seja bem-sucedido — ganha muito mais, ou sua parte é essencial para manter o estilo de vida que você adora e ao qual está acostumada. Você sofrerá um baque se cair fora; terá que se mudar de uma mansão para um apartamento, o carrão por um carrinho usado, a renda folgada pelo salário contado. Mas a sua felicidade não vale a pena? Você seria capaz de botar uma etiqueta de preço na sua felicidade? Qual seria o valor? Trinta e seis mil por ano? Cem mil? Um milhão? A casa grande, dois carros na garagem, as compras nas lojas de grife compensam todo o sofrimento? Você pode perder financeiramente se cair fora dessa relação, mas o que ganhará em felicidade, paz de espírito e autoestima não tem preço.

Esteja disposta a trocar suas fichas

Depois de pensar em tudo o que foi dito, avaliando o quanto é irracional continuar ligada a um homem que se recusa a lhe dar o que deseja, é preciso ter coragem para dar aquele passo importante e parar de jogar com a sua vida. Porque é isso o que você está fazendo. Está mudando de mesa, ganhando alguns jogos e perdendo outros, juntando fichas antes de desistir. Mas a vida não é um cassino. O que acontecer aqui ficará com você para sempre. Casar é mais do que usar um vestido bonito, escolher o sabor do bolo, fazer a lista de convidados e selecionar as alianças; uma série de direitos são adquiridos com aquele pedaço de papel que a une legalmente a esse homem. Se alguma coisa acontecer ao marido, a esposa e os filhos têm direito ao seguro e a uma pensão. Se ele ficar doente, algumas decisões médicas terão que ser tomadas, e uma namorada não terá poder algum para isso, mesmo que seja sua companheira há muito tempo, mesmo que ele já tenha falado do que gostaria que acontecesse caso ficasse entre a vida e a morte. Só uma esposa tem poder de decisão. Se o homem decide romper o namoro com a mulher que o ajudou a construir sua fortuna, a ex não tem como reclamar nada para si, mas, se ela tem os papéis, como esposa tem direito à metade.

Por que brincar com sua vida desse jeito? Algo pode acontecer de repente e, depois de tanto esforço, você ficará sem nada. Acredite: ele tem muita coisa — você, sexo, apoio emocional, lealdade, e ainda tem a liberdade de ir embora quando quiser sem que isso tenha grande repercussão. Será que você também não deveria ter o que deseja? Se quer que ele assuma um compromisso, ele precisa saber que você pretende trocar suas fichas — que você irá deixá-lo. Caso contrário, a maioria dos homens não subirá voluntariamente ao altar. Você pode repetir inúmeras vezes para seus filhos: "Se você não fizer isso ou aquilo, terá grandes problemas", mas até lhes mostrar o que pode acontecer eles não vão lhe dar ouvidos e continuarão a testá-la. Odeio comparar os homens com crianças, mas sejamos honestos.

Não deixe que os homens façam isso com você; leve suas fichas até o caixa, troque-as e saia do jogo. Mostre a ele que, se não lhe der o que você deseja, a consequência será ficar sozinho — sem você. Os homens não fazem absolutamente nada sem um motivo, e o motivo para fazermos a maioria das coisas é atrair a atenção do sexo oposto. Essa é uma questão fundamental para os homens. Vamos para a escola porque sabemos que, quando chegar a época da faculdade, conheceremos garotas. Nós nos formamos para conseguir um bom emprego que nos dê dinheiro suficiente para atrair as garotas. Praticamos esportes e procuramos nos destacar para atrair a atenção das garotas. Desde pequenos, os meninos correm mais rápido, escalam mais alto e saltam distâncias maiores se souberem que há meninas assistindo. Eles são capazes de se matar se uma garota estiver olhando. Recentemente, saí de férias com minha família, e meu filho Wynton estava na praia com sua irmã Lori. Quando duas brasileiras pularam na água, ele começou a fazer acrobacias. Tive que correr e pegar meu filho, pois ele estava a ponto de se afogar — engasgando e tossindo, os olhos cheios de sal — enquanto se exibia para as garotas. Algumas semanas mais tarde ele quase me derrubou quando desceu as escadas correndo depois de ter passado um frasco de desodorante inteiro no corpo, pois tinha visto o comercial que mostrava garotas pulando em cima do cara que usava aquela marca. Ele fazia essas loucuras por um motivo: atrair a atenção e ganhar o coração do sexo oposto.

Isso não muda quando os homens ficam mais velhos: fazemos coisas para impressionar as mulheres e ouvimos e acatamos suas regras e exigências se a consequência de não agirmos assim for perdê-las. A avó de um amigo uma vez me disse que a melhor mulher do mundo é sua ex nos braços de outro homem. E realmente, se há uma coisa que não aguentamos é ver a mulher com quem tivemos um relacionamento íntimo, com quem vivemos, imaginamos um futuro, compartilhamos nossos sonhos, nos braços de outro homem. É algo insuportável.

É claro que existe a possibilidade de ele ir embora quando você der o ultimato — quando exigir que ele assuma um compromisso. Deixe que vá. Se está disposto a abrir mão do que você tem a oferecer, é porque não estava interessado. Tudo bem, você investiu seu tempo nesse cara, você o ama e quer ficar com ele. Mas também tem o direito de ter desejos, de exigir um compromisso — tem o direito de manter-se firme.

Assim como os homens não mudam, as mulheres também não — e não há problema nisso. Aos 35, você vai querer o mesmo que queria aos 25. O que não é bom é ceder — comprometer suas exigências para manter um relacionamento com um homem que não lhe dará o que você tanto quer; acomodar-se significa comprometer. O que não é bom é enterrar seu desejo e sua necessidade de segurança, proteção, respeito e apoio. Curvar-se à vontade dele — deixar de lado o que você quer — significa comprometer. E quando você compromete o que é por causa de um homem, jamais conseguirá encontrar a felicidade verdadeira e duradoura. Se não estiver feliz, conseguirá amá-lo da maneira que ele precisa ser amado — não será leal, não lhe dará apoio e estará ainda menos disposta a lhe dar a cerejinha. E se ele não tiver essas três coisas, o relacionamento não funcionará e ficará cada vez menos agradável até que um de vocês decida terminar.

Não estou lhe pedindo que mude por causa dele. Estou dizendo para entender como ele raciocina, fazer suas exigências e manter-se firme para que ele entenda o que *você* quer: compromisso. E se ele não puder lhe dar isso — se ele se recusar — corte as perdas. Recolha suas fichas e diga-lhe que o jogo acabou.

Ele pode ir embora. Mas, se ouvir seu coração e reconhecer que a ama, ficará.

De qualquer maneira, a longo prazo, você é quem sai ganhando.

No final das contas, o mundo está cheio de homens dispostos e capazes de assumir um compromisso. Coloque a casa em ordem, ponha em prática seus padrões e seu nível de exigência, exercite sua força nos relacionamentos e esteja disposta a partir para outra. Não estou dizendo que essa jornada será fácil ou rápida. Mas valerá a pena.

12 dicas para saber se ele está preparado para assumir um compromisso

1. Ele a leva à igreja com ele.
2. Ele pensa em você quando está longe, e também quando está perto.
3. Ele muda todos os números de telefone para que nenhuma antiga namorada possa encontrá-lo.
4. Ele permite que você o ajude a escolher suas roupas.
5. Qualquer homem que use uma roupa combinando está totalmente comprometido porque perdeu todo o respeito dos amigos.
6. Ele lhe dá um apelido que ninguém mais conhece e não deixa que os amigos descubram. Pode acreditar, ele sabe que, se isso acontecer, eles passarão a chamá-lo assim, embora o apelido seja seu.
7. Ele põe a sua felicidade à frente da dele.
8. Ele a viu sem maquiagem e com o cabelo despenteado e continua telefonando.
9. Ele conheceu todos os seus parentes e ainda se dispõe a frequentar as reuniões de família.
10. Ele sabe que seus filhos são loucos e mal-educados, mas ama você assim mesmo.
11. Ele já viu como é sua mãe e ainda acredita que vocês podem dar certo juntos.
12. Ele deixa que você conheça toda a família dele, percebendo que isso poderia mudar tudo.

Às vezes, o rompimento é uma bênção

Eu sei que é duro quando você perde alguém que amou; é doloroso e deixa no coração uma marca tão profunda quanto uma ferida aberta. Mas há uma bênção na tempestade, pode acreditar.Você só precisa reconhecê-la e reclamá-la para si mesma. Muitas vezes, as mulheres continuam numa relação porque investiram seu tempo, apesar das brigas constantes, das poucas coisas em comum e de terem seguido em direções opostas. Conheço pessoas casadas que não se gostam, mas continuam juntas. Eu pergunto: por quê? Se vocês se separarem, provavelmente acordarão em paz. Não haverá mais brigas nem discussões.Você poderá fazer o que quiser sem ter que se importar com um homem que não valoriza o que você está fazendo. Mas primeiro você precisa se lembrar do porquê está se separando: se foi traída, enganada, abusada, se foi largada sozinha, forçada a estar sempre tentando descobrir o paradeiro dele, não estará perdendo muita coisa. Esqueça e aceite sua bênção.Você pode estar magoada, solitária e morrendo de medo de voltar ao cenário dos encontros e namoros, mas precisa desse tempo para se posicionar em relação ao que o Criador preparou para você. Aquilo que Ele preparou pode estar apenas esperando que você fique livre e disponível. A bênção é que você pode se reinventar — ser quem desejar ser em vez de quem você tinha que ser para que sua relação funcionasse. Sou testemunha das bênçãos que podem surgir quando você está aberto a mudanças. Se eu tivesse tentado a carreira de ator, posso lhe garantir que não teria o sucesso que tenho hoje. Se tivesse continuado a fazer *stand-up comedy*, jamais teria o meu programa, *Steve Harvey Show*. Se ficasse com o programa, jamais teria ido para o rádio. Se tivesse focado apenas o rádio, jamais teria escrito o livro. Se não tivesse escrito o livro, jamais teria obtido o sucesso internacional que conquistei com as vendas. Estou sempre me reinventado, e você não deve ter medo de fazer o mesmo. Se estiver saindo de um relacionamento nocivo, a bênção é que ele não poderá mais deixá-la para baixo; se estiver saindo de um relacionamento com um homem infiel, a bênção é que não precisará mais ficar pensando com quem ele estará à noite. Se estiver saindo de uma relação em que seus filhos a viam sempre brigando e discutindo, a bênção é que eles poderão vê-la feliz de novo. Veja o lado positivo. Retome os hobbies que tinha antes de conhecê-lo. Saia com as amigas, como costumava fazer antes de colocar a relação em primeiro lugar. Passe algum tempo tentando entender o que você realmente quer para si mesma antes de se envolver mais uma vez. E, quando surgir essa nova relação, você será uma pessoa melhor. E, quanto melhor você estiver, melhor será o homem que você vai atrair. Isso é uma bênção.

6

Vamos acabar com os joguinhos

Fazendo aos homens as perguntas certas para obter respostas verdadeiras

Eu admito, apesar de afirmar que somos simples, que nós podemos ser criaturas complicadas, principalmente no que diz respeito às mulheres. Somos os mestres do "tudo bem", distribuímos afeto em conta-gotas e usamos isso para "reservar o lugar" até decidirmos se realmente queremos ficar com você ou partir para uma nova conquista. Enviamos uma mensagem de texto tão doce que é capaz de deixar você suspirando, e então passamos dias sem ligar. Durante um mês inteiro cortejamos você, fazendo com que sinta a química incrível que existe entre nós, mas então nos fechamos quando chega o momento de explicar quais são as reais intenções. Fazemos isso porque podemos. E podemos porque muitas mulheres permitem. Elas permitem porque têm medo da alternativa — ter que começar tudo de novo com outro homem, ou ficar sozinha.

Escrevi em *Comporte-se como uma dama, pense como um homem* e no capítulo 5 ("O impasse") deste livro que as mulheres realmente interessadas em encontrar o cara certo têm que superar o medo de perder seu parceiro, porque, no momento em que isso acontece, os homens deixam de ter poder sobre você. Um homem irá desrespeitá-la, fazer um esforço mínimo e evitar qualquer compromisso se achar que pode se safar; seu trabalho, então, é não deixar que isso aconteça. Para tanto, é preciso evitar desde o início que ele saia da linha — antes que consiga fisgá-la — e tomar decisões com clareza, sem se deixar levar pela emoção; avaliar se vale a pena manter um relacionamento com esse homem. Pode-se descobrir tanta coisa a respeito de um homem antes que a relação fique séria demais — se você fizer as perguntas certas. Não estou falando das cinco perguntas que toda mulher deveria fazer enquanto estão se conhecendo (veja o glossário), embora essas perguntas, como expliquei no primeiro livro, ajudem a avaliar o que o seu companheiro em potencial quer da vida e o que espera de um relacionamento com você. Sabendo sondar as respostas entenderá sua essência e se ele possui o que você está procurando em um relacionamento duradouro.

Mas, para fazer isso com sucesso, você precisa entender uma coisa básica em relação aos homens: qualquer que seja a pergunta, ele sempre lhe dará a resposta que o beneficiará.

Simples assim.

Aposto que em todo o seu histórico de relacionamentos, você jamais conheceu um homem que se apresentasse e revelasse toda a sua história e todas as suas manias nos primeiros encontros. Você é adulta; sabe muito bem que todo mundo tem uma história — todos têm um passado e vários defeitos. Mas, se a história desse homem fosse tão boa quanto ele diz, você já teria encontrado seu Príncipe Encantado. Por que você ainda não está com o cara *perfeito*? Porque ninguém é tão bom assim.

Percebendo que você anseia por alguém que a queira e que precise de você, os homens se aproveitam dessa vulnerabilidade; manipulamos nossas respostas para parecer que somos o cara capaz de preencher todas as suas necessidades e desejos — vendemos o pacote Foram Felizes para Sempre. Diga que você está procurando um homem capaz de assumir um compromisso e, se ele estiver realmente interessado, não terá problemas em lhe dizer que também deseja exclusividade. O que ele não vai contar é que o último relacionamento terminou porque ele traiu. Diga que você gostaria de ter um relacionamento com um homem que goste de crianças, e ele contará várias histórias para mostrar como adora os sobrinhos. Mas provavelmente guardará para si mesmo o fato de que só vê os filhos uma vez por mês. E aposto que você não irá ouvir no primeiro encontro nem uma palavra sobre seus problemas financeiros, ou que ele foi despejado da casa em que morava ou que até algumas semanas atrás estava morando com a mãe; em vez disso, o cara vai se desviar do assunto e mostrar o relógio bacana, o terno caro e o carrão que ele mal conseguiu manter por causa da crise econômica pela qual passou.

Os homens fazem isso porque acreditam que se passarem essas informações muito cedo não vão conseguir agarrar a caça — você. Lembre que no fundo não somos muito diferentes do pavão, com suas plumas coloridas, ou do leão, com sua juba poderosa: os homens gostam de exibir coisas como dinheiro, carros, roupas, relógios e títulos para impressionar as fêmeas. A questão da apresentação é crítica — faz parte da isca que atiramos para fisgar o peixe; queremos apenas que você a morda. Um homem sabe que não conseguirá atrair uma mulher se contar que está falido, que não tem qualquer poder de decisão no trabalho ou que sua ex-mulher vive aparecendo na porta da sua casa para escrever "Ele não é confiável" em letras vermelhas na porta da garagem. Ele está tentando se embrulhar numa bela embalagem para que você o compre.

Admita: as mulheres costumam fazer no máximo duas perguntas aos homens antes de decidirem se aquele pode ser o cara certo. Por isso, respondemos de maneira subjetiva, para criar a melhor impressão possível. Se fizer outra pergunta, encontraremos uma maneira ainda mais evasiva para dizer o que você quer ouvir. E, depois de ele dizer algo que o faça parecer o melhor homem do mundo, você vai escutar apenas o que deseja e, em vez de fazer mais perguntas e conseguir arrancar a verdade, criará a sua própria. Ficará tão enamorada com suas frases de efeito — quero assumir um compromisso, adoro crianças, trabalho muito, gosto de cozinhar — que se esquecerá de fazer mais perguntas e começará a dizer para si mesma: "É ele! É ele! Graças a Deus eu o encontrei!" Você pega as partes boas — as respostas para as primeiras perguntas —, junta e internaliza, depois usa-as para justificar sua paixão pelo homem que considera "ideal", sem pensar — geralmente quando já é tarde demais — que, se tivesse ido mais fundo no seu questionamento, teria chegado mais perto de quem ele realmente é.

Você não aprofunda as perguntas porque tem medo de assustá-lo e perder alguém que pode ser um bom homem. Ele não conta toda a verdade porque tem medo de não despertar seu interesse. Todo mundo tem medo nessa fase. Por isso evitamos *toda* a verdade.

Não caia no conto de fadas. É claro que seria melhor se os homens fornecessem as informações importantes logo de cara; isso não apenas evitaria que fossem chamados de mentirosos — acusação que só atrapalha a construção de uma relação sólida —, mas certamente daria às mulheres com quem realmente desejamos construir relações uma visão mais clara a respeito de quem somos de verdade. Nós homens costumamos impedir que a relação se aprofunde porque logo no começo criamos um elemento de desconfiança ao não revelar informações vitais que dariam às mulheres aquilo de que elas precisam para tomar decisões. Quando um homem esconde informações que deveriam ser fornecidas logo no começo, a mulher começa a duvidar de tudo — não importa quais sejam as intenções.

Então os homens não deveriam contar tudo logo de cara? Claro que sim. É justo. Mas só não fazemos isso espontaneamente porque a verdade completa poderia nos diminuir aos olhos das mulheres e tiraria de nós "a caça e a conquista", colocando o futuro da relação inteiramente nas suas mãos. A sinceridade do homem desde o início permite que você entenda, por exemplo, como as relações anteriores podem afetar o futuro de vocês; dá a você a chance de processar as informações e a possibilidade de decidir por si mesma se tem condições de lidar com todo o passado que virá junto com as coisas boas que ele já lhe contou.

É claro que existem homens que mostrarão toda a roupa suja de cara, para que você saiba com quem está lidando. Mas isso é raro. Muito raro. Por isso, infelizmente, cabe a você descobrir a verdade.

E você só conseguirá obtê-la indo mais fundo.

Você não está cansada de ser sempre a vítima? De ser enganada? Cansada de pensar que encontrou alguém e depois descobrir que ele não é o que dizia ser? Guarde-se e não entregue a cerejinha antes de saber exatamente quem ele é; informe-se e depois decida se é o melhor para você.

Para isso bastam três perguntas, eu garanto. As coisas não mudam quando se trata de homens:

A **pergunta nº 1** lhe dará a resposta que nos faz parecer melhor.
A **pergunta nº 2** lhe dará a resposta que acreditamos que você quer ouvir.
A **pergunta nº 3** lhe fornecerá a verdade.

Depois disso não temos alternativa senão dizer a verdade; nosso arquivo de mentiras não é extenso o bastante para se contrapor à sua intuição, principalmente quando você começa a perscrutar com aquela maneira insidiosa de que só as mulheres são capazes.

PERGUNTA **NÚMERO 1**

Por que seu último relacionamento terminou?

A resposta que o faz parecer melhor:

Bem, eu estava tentando ser tudo o que podia — trabalhando muito, tentando dar a ela tudo de que ela precisava —, mas ela não entendia minha ética de trabalho e não quis continuar comigo.

A análise:

Com essa resposta ele parece um trabalhador, comprometido em construir um futuro. Também joga com o instinto natural da mulher de ser acolhedora — leva você a dizer para si mesma: "Eu jamais deixaria um homem que está tentando fazer o melhor; eu o apoiaria."

PERGUNTA
NÚMERO 2

Se ela tivesse lhe dado mais apoio, você teria mantido a relação?

A resposta que você quer ouvir:

Com certeza. Quero ter um compromisso sério. Quero estar com alguém que entenda como sou e o que faço e que queira estar comigo. Estou procurando uma mulher que deseje assumir um compromisso e dar apoio ao seu homem.

A análise:

Ele está lhe dizendo o que você quer ouvir — que é um homem comprometido que procura um relacionamento duradouro e que está disposto a fazer o que for necessário para cuidar de você. Ele usa essas frases de efeito como isca, então se encosta e deixa que você complete as lacunas — imaginando-o saindo de casa pela manhã, com a pasta na mão, indo trabalhar duro para você e sua família, depois voltando para casa, abraçando-a com seus braços fortes até você pegar no sono. É claro que ele não falou nada disso; disse apenas o que você queria ouvir. Não se deixe enganar. Vá mais fundo...

PERGUNTA **NÚMERO 3**

Se você era um cara presente, queria lealdade, trabalhava duro e cuidava da família, por que a relação terminou? O que aconteceu para que ela dissesse "não quero continuar"?

A verdade:

Bem, eu estava tentando encontrar o apoio que não tinha em casa e acabei conhecendo alguém que me ofereceu o que eu queria.

A análise:

A única coisa que restou a ele foi admitir que sua infidelidade, e não a falta de apoio da mulher, foi o que levou ao rompimento. É claro que há nuances para explicar por que ele traiu, mas o fato é que a relação acabou porque estava sendo infiel — ele quebrou uma regra fundamental. Agora você sabe que ele é um cara trabalhador que precisa de apoio e lealdade para permanecer em uma relação; mas também sabe que é capaz de trair se sentir que não está conseguindo aquilo de que precisa.

Veja mais um exemplo:

Aconselhei uma ouvinte do meu programa de rádio, *Steve Harvey Morning Show*, a ir mais fundo nas perguntas ao seu parceiro quando ela me escreveu com a suspeita de que ele não fosse exatamente o pai que dizia ser. "Ele diz que é um ótimo pai e fala muito bem do filho e da filha..."

PERGUNTA
NÚMERO 1

Como é a relação com seus filhos?

A resposta que o faz parecer melhor:

É ótima. Quando estamos juntos, parece uma coisa mágica. Meu filho é como eu — forte e atlético. Minha filha é linda e inteligente. São crianças incríveis.

A análise:

Essa resposta faz com que ele pareça um pai fantástico, comprometido com seus filhos, esforçando-se para fazer com que sejam boas pessoas. Brinca com seu desejo natural de ter um homem que participe ativamente da família que você quer construir um dia.

PERGUNTA
NÚMERO 2

Como é sua relação com a mãe deles?

A resposta que você quer ouvir:

É boa. Fazemos o possível para termos uma boa convivência pelo bem das crianças. Ela não facilita, mas meus filhos merecem.

A análise:

Ele está dizendo o que você quer ouvir. Pinta a si mesmo como o mocinho de uma relação que acabou mal e que está tentando suportar o sofrimento para ficar perto de seus filhos. Parece uma espécie de super-herói aos seus olhos porque não há nada mais sexy para uma mulher do que um homem capaz de qualquer sacrifício pelos filhos. Você começa a vê-lo fazendo carinho em sua barriga de grávida, lendo historinhas para o bebê e diante da churrasqueira preparando uma refeição completa para toda a família enquanto você fica de longe apenas observando, olhando com admiração para o homem magnífico que conquistou. O que você não percebeu é que ele disse que a ex não facilita o encontro dele com as crianças, e que ele só os vê quando pode, nem sempre com regularidade, e certamente não nas circunstâncias mais agradáveis. Tente aprofundar essa questão...

PERGUNTA **NÚMERO 3**

Se você e a mãe deles não se dão muito bem, como isso interfere na sua relação com seus filhos?

A verdade:

Bem, como nós não nos damos muito bem, não posso vê-los tanto quanto gostaria. Nós nos vemos uma vez por mês e conversamos de vez em quando pelo telefone. Mas é uma relação um pouco distante por causa do problema com minha ex.

A análise:

A única coisa que lhe restou foi admitir que ainda há uma situação não resolvida com a ex que o impede de ser o superpai que parecia ser. A mãe talvez tenha boas razões para impedi-lo de ficar muito tempo com os filhos, como também pode ser uma maluca. De qualquer maneira, você terá que enfrentar essas questões se quiser manter um relacionamento com esse homem — especialmente uma relação potencialmente volátil e dramática com a ex e algumas dificuldades que ele possa ter como pai.

Se conseguir aprofundar as informações, você poderá decidir conscientemente se quer começar um relacionamento com esse homem. Não é difícil — as mulheres são questionadoras por natureza. Você e suas amigas fazem essas mesmas perguntas quando contam umas às outras como foi o encontro. Conseguem descobrir a verdade rapidamente. Faça o mesmo com ele. Deixe de lado o romantismo e aborde essas questões com os olhos abertos e a mente vigilante.

Marjorie, minha esposa, fez um bom trabalho quando começamos a sair juntos. É claro que ela já estava a par dos meus pecados; sou uma figura pública, meus podres estão espalhados por aí e tudo o que ela precisava fazer era entrar no Google e pesquisar o que bem entendesse — as coisas boas e ruins, e também as mentiras, estava tudo ao alcance de seus dedos. Bati em sua porta com um histórico de relacionamentos fracassados, todos amplamente divulgados. Minha vantagem era que Marjorie já me conhecia de verdade; éramos amigos havia vinte anos e tínhamos saído algumas vezes antes, por isso ela já sabia que havia algo de bom em mim. De muito bom. Mas para saber se eu estava realmente preparado para dividir esse lado bom com ela, Marjorie precisava antes descobrir algumas coisas por si mesma. A primeira coisa que me perguntou foi por que meus dois casamentos não tinham dado certo. Eu tinha uma explicação pronta:

"Eu vivia viajando por causa da turnê e ficava muito tempo longe de casa", respondi. "O distanciamento foi aumentando e nos afastando; eu simplesmente não estava por perto o bastante. Estava trabalhando e tentando ganhar dinheiro para nós, mas levar um cheque para casa não era suficiente."

Minha tentativa velada de encerrar esse tipo de questionamento dizendo a Marjorie que era um sujeito sério e trabalhador não bastou. Ela continuou com as perguntas: "Mas o que exatamente o levou à conclusão de que esses casamentos não eram para você? Será que o casamento não é para você?"

Resolvi dizer o que achava que ela queria ouvir: "Bem, sou um cara romântico e adoro a ideia de estar casado. Quero um relacionamento sério, uma família, e isso não mudou só porque meus dois primeiros casamentos não deram certo. Tenho muita coisa e quero dividir com alguém, com uma mulher que seja fiel, que me dê apoio enquanto estou fazendo o que preciso para sustentar minha família, uma mulher que queira compartilhar todas as bênçãos da minha vida." Eu lhe dei detalhes de como tudo deu errado, como meu primeiro casamento acabou depois que decidi partir para investir na minha carreira de comediante, e também contei alguns dos problemas que surgiram em meu segundo casamento.

Achei que com isso tínhamos encerrado o assunto — que eu já dissera o necessário para convencer Marjorie a ficar comigo. Mas ela ainda não tinha terminado; queria saber mais — não porque estivesse tentando dificultar as coisas para mim, mas porque precisava ter certeza de que seu coração estaria seguro. Ela também já havia passado por dois casamentos, e estava bem — criando seus filhos, trabalhando muito e realmente certa do que queria em uma nova relação. Ela deixou muito claro que não precisava estar com alguém para ser feliz, que estava muito bem sozinha. Mas, se fosse entrar em outra relação, precisava acreditar que o novo parceiro também estaria preparado para isso. Então, alguns dias depois das nossas primeiras conversas, Marjorie jogou a terceira pergunta: "Entendi que quando você começou a fazer piada as coisas ficaram diferentes, mas por que você foi embora? Preciso que você me ajude a entender."

Eu já havia lhe dito o que me fazia parecer melhor (trabalho bastante), e na segunda conversa disse o que achava que ela queria ouvir (sou um cara romântico que procura uma parceira para compartilhar esta jornada). Mas a resposta para essa terceira pergunta? Não havia nada que eu pudesse fazer para contornar o assunto, não adiantava tentar tapar o sol com a peneira. Não tinha como mascarar a verdade, e estava claro que ela não iria parar de fazer perguntas até consegui-la, por isso só me restava ser sincero. Eu me abri com ela, disse que era jovem demais quando me casei pela primeira vez — que, aos 24 anos, eu não podia ser marido de alguém. Não estava preparado e era o único culpado por todos os problemas do relacionamento, e não minha ex. Tudo o que consegui fazer nesse primeiro casamento foi proteger minha mulher e professar meu amor por ela, mas não podia *sustentá-la*. Não tinha condições de arcar com essa responsabilidade nem tinha planos de como conseguir isso. Desde os nove anos de idade eu sabia que queria trabalhar na TV, mas não estava fazendo nada para que isso acontecesse; tinha entrado na faculdade, mas fui expulso, e, enquanto trabalhava na Ford, ficava sonhando com a fama, mas não fazia nada de concreto para realizar isso. "Se minha ex não acreditava no meu futuro, não posso dizer que eu mesmo acreditasse", falei a Marjorie. "Mesmo assim, me ressentia com o fato de ela não me apoiar. Por isso não podia continuar ao lado dela."

Depois contei que ao me casar pela segunda vez minha carreira tinha decolado e eu tinha começado a colher os frutos do meu trabalho de uma maneira destrutiva para o meu relacionamento. Quaisquer que fossem as razões que me levaram a agir dessa maneira, quando era obrigado a pensar no que havia acontecido, chegava sempre à mesma conclusão: eu tinha agido errado; não estava me comportando como deveria para ter um bom casamento.

Marjorie foi me testando e conseguiu obter toda a verdade. Admitir meu ressentimento, o fato de não ter qualquer plano e reconhecer que deixei minha primeira mulher porque *eu* não havia me encontrado não depunha a meu favor, sob nenhum ponto de vista. Admitir que traí minha segunda mulher definitivamente não contribuía em nada para melhorar a situação. Mas era a verdade, e isso deu a Marjorie a chance de avaliar se queria tentar e, honestamente, me ajudou a ver que eu precisava rever algumas falhas se quisesse fazer com que nosso casamento desse certo.

Depois dessa conversa, Marjorie ficou mais atenta, observou minhas ações e reconheceu que eu estava diferente, que estava disposto a fazer o que fosse preciso para que nosso relacionamento desse certo. Quando eu viajava, telefonava sempre que possível, e ela sabia que podia telefonar a qualquer hora; se estivesse presente, eu não escondia o celular para que não visse quem estava ligando ou mandando mensagens. Percebeu que tinha ao seu lado um homem que estava mudando, pronto para amar de verdade, e gostou disso. E não demorou muito para me dizer: "Eu quero você. Você é o homem certo para mim."

Mas ela precisou chegar a essa conclusão sozinha, depois de reunir as informações, avaliá-las e concluir o que poderia e o que não poderia tolerar. Ela não foi desagradável nem cruel; apenas fez as perguntas certas e continuou cavando até chegar ao tesouro: a verdade.

Saiba que você também pode fazer isso; basta ser suave e persistente. O que não pode fazer é pressionar o cara como se ele estivesse em um interrogatório. Nenhum homem vai querer se submeter a um detector de mentiras toda vez que abrir a boca.

Mas responderemos sinceramente durante algum tempo. Se fizer as perguntas durante o período de noventa dias que sugeri em *Comporte-se como uma dama, pense como um homem*, você conseguirá descobrir a verdade. Se realmente quiser descobrir tudo, diga ao cara: "Só quero que seja honesto — eu não consigo resistir quando um homem fala a verdade", e ele irá descartar todos os obstáculos, pois a simples perspectiva de que role alguma coisa entre vocês é como o soro da verdade para um homem. "É verdade que você não consegue resistir? Certo! Então..."

Bem, pode ser que ele não revele tudo. Mas certamente estará mais disposto a contar a verdade se você se dispuser a batalhar para conquistá-la.

7

A APRESENTAÇÃO É TUDO

Não deixe que seu dia "ruim" seja o dia de "sorte" das outras

Nada mexe mais com os homens do que as curvas graciosas das mulheres, a pele macia, o formato dos olhos e da boca — a panturrilha sexy nos saltos altos e a maneira como vocês se mexem ao atravessar a sala, com o corpo inteiro se movimentando numa perfeita e deliciosa harmonia. Essas coisas nos deixam loucos. É, sem dúvida, a primeira coisa que observamos em uma mulher — sempre.

Não nos preocupamos com seu trabalho.

Não damos a mínima para quanto você ganha.

Nem sequer nos importamos se você consegue formar uma frase inteira — pelo menos não enquanto estamos decidindo se vamos tentar chamar sua atenção. (Quando se trata de escolher uma parceira para ter filhos costumamos ser mais exigentes.)

Quando um homem vê uma mulher pela primeira vez, preocupa-se apenas com a aparência dela, como está vestida e como ficará em seus braços quando estiverem juntos. Para nós, essas considerações podem dizer algumas coisas a seu respeito:

Você se cuida

Digamos que sua pele esteja seca e as unhas malcuidadas, que os pés tenham a aparência de quem correu uma maratona descalça, seu cabeleireiro nem saiba mais o seu nome e seu guarda-roupa pareça ter vindo diretamente de uma série de TV da década de 1980. O que isso revela? Nada muito bom, posso garantir. Para um homem — na verdade, para qualquer pessoa que preste atenção — é como se você estivesse berrando: "Meu rosto, meu corpo e minhas roupas não são especiais, não merecem a atenção de ninguém, nem mesmo a minha." No entanto, uma mulher com aparência de quem se cuida — trata o rosto e as mãos (se não tiver dinheiro para ir ao salão, faz tudo em casa), usa maquiagem de um jeito natural e atraente, penteia o cabelo, se veste com roupas e sapatos estilosos — passa uma mensagem: "Eu me amo, e você deve saber disso só de olhar para mim." Os homens gostam de mulheres que se valorizam, pois isso geralmente significa que elas estão felizes e têm a autoestima elevada. Não nos importamos em dizer o quanto você é bonita, é claro. Mas, se vamos nos envolver em um relacionamento, não queremos ser responsáveis por você gostar de si mesma. Isso é pedir demais para qualquer homem, e, em vez de nos imaginar carregando esse peso, simplesmente procuramos as mulheres que parecem já cuidar de si mesmas.

Você se preocupa com sua imagem aos olhos masculinos

Digamos que você esteja com o vestido um pouco apertado demais, o decote um pouco ousado demais, a maquiagem um pouco exagerada demais, o cabelo um pouco armado demais e os sapatos um pouco altos demais. Sem dúvida chamará muita atenção ao vestir-se desse jeito. Mas posso garantir que o homem que se aproximar de você já fez alguns cálculos simples: duas bebidas + três danças + alguns encontros não muito planejados sem muito esforço = uma brincadeirinha rápida na cama, sem qualquer compromisso. Essa mulher rapidamente será enquadrada na categoria "bagre". Você se lembra do que eu disse a respeito do bagre em *Comporte-se como uma dama, pense como um homem*? É aquela mulher que envia sinais de que não tem qualquer preocupação com regras, exigências ou respeito por si mesma e a quem tratamos de qualquer maneira, sem qualquer esforço para manter uma relação duradoura ou permanente. Na verdade, a única coisa que conseguiremos enxergar nessa mulher é uma ponta de desespero, um grude medonho e um letreiro em neon dizendo: "Apenas uma noite!" — ou seja, assim que a noite de diversão acabar, nunca mais precisaremos nos preocupar com ela. A mulher que se veste mal também emite alguns sinais: os homens irão concluir que (a) ela é incapaz de se arrumar, não sabe se mostrar atraente e é bem provável que tenha alguns problemas de higiene; (b) não se importa com sua aparência e poderá deixá-lo constrangido caso ele pense em apresentá-la aos filhos ou à família; (c) sua casa deve ser uma imundície. Nada disso pode despertar tesão em alguém.

O tipo de mulher que notamos e da qual tentaremos nos aproximar é a que se veste de maneira sensual e limpa, mais sutil do que o sensual provocante e mais atraente do que o apenas simples. Uma mulher que parece segura de si — que mostra seus predicados sem exagero, e que usa as roupas, o cabelo e a maquiagem para causar uma boa impressão — é aquela que diz aos homens: "Sou bonita, quero que me respeitem, e você pode me apresentar à sua mãe e aos seus amigos sem ficar com vergonha."

Você ajuda a melhorar a nossa imagem

Isso é muito importante para um homem. É uma das primeiras coisas que nos ocorre quando vemos uma mulher — como vou descrevê-la para os meus filhos? Como vai ficar ao meu lado no jantar de negócios? Ou em um jogo importante? Se eu a levar para conhecer minha família, como eles a verão? Nos primeiros instantes em que a vê, o homem analisa a mulher a longo prazo — como ela irá se vestir quando ele a levar ao parque, quando forem juntos à igreja, quando saírem para dançar, sozinhos ou com amigos, quando ele a apresentar aos colegas de trabalho, incluindo aqueles que tomam as decisões sobre pagamentos e promoções. Olhamos e avaliamos tudo, inicialmente baseados na sua aparência. Sem nem mesmo ter consciência disso, nós a medimos dos pés à cabeça novamente, examinando desde a maneira como penteou os cabelos, como trata das unhas, as roupas e os pés no salto alto até como você deve ser sem nada disso, ao natural. Se você tem boa aparência, começamos imediatamente a pensar que talvez seja alguém com quem podemos ter um futuro, alguém que fará parte da nossa equação para seguir em frente. Já avaliamos que você poderia nos ajudar a alcançar as três coisas mais importantes para um homem: quem somos, o que fazemos e quanto ganhamos. Isso é importante porque a aparência é tudo para os homens; a percepção é a realidade. Isso é natural. Não é algo que se ensine ou se aprenda — é inato. Todos os animais usam alguma coisa para parecerem mais atraentes, mais fortes, mais bonitos do que os outros: os pavões usam suas penas coloridas; os leões, suas jubas; os elefantes, suas presas longas e fortes. Os homens têm dinheiro e status — um belo relógio, um carro bacana, um emprego de dar inveja. E nossa amada.

Uma bela mulher ajuda a exemplificar as três coisas que nos motivam e certamente nos ajudam a legitimar nosso valor diante do mundo. Se você estiver nos braços de um homem, parecendo absolutamente deslumbrante, confiante e segura, todo mundo vai olhar e se perguntar: "O que esse homem faz da vida? Ele deve ser muito bem-

-sucedido." No universo masculino, essa é uma *ego trip* absolutamente necessária, sem a qual não conseguimos viver. A maioria das mulheres que conheço gosta de terapia de compras quando estão se sentindo por baixo. Os homens precisam de terapia para o ego. E um passeio com uma mulher que consideramos bonita pode nos proporcionar uma sensação tão poderosa quanto fazer o gol decisivo em uma partida de futebol.

A mulher que se cuida, que se preocupa com a maneira como se apresenta para o mundo, cuja aparência poderia contribuir para elevar nosso status, é aquela que chamará nossa atenção, que fará o homem engolir a bebida, dar um tapinha nas costas do amigo e andar pelo que possam parecer trinta quilômetros por entre a multidão a fim de tirá-la para dançar. Ou atravessar o supermercado para chegar à seção de legumes e puxar papo sobre a diferença entre o tomate italiano e o tomate salada só para falar com você.

Antes que você se insulte com o que estou dizendo, quero lembrá-la que essa filosofia me foi ensinada por minha mãe, que se vestia com cuidado sempre que saía de casa — e fazia isso mesmo depois de casada. Foi ela quem ensinou minhas irmãs a arrumar o cabelo, a vestir uma roupa bonita e a usar um pouco de maquiagem antes de sair de casa — mesmo que fosse para ir até a esquina comprar um chiclete, era importante que entrassem na loja com uma aparência digna. "Comporte-se com dignidade, porque, se encontrar um homem, ele poderá dizer para si mesmo: 'Uau, essa mulher é digna.' Ele saberá que está lidando com uma pessoa que se cuida." A maneira como você se veste é uma extensão da sua personalidade. Se estiver aberta a um relacionamento, por que perder a oportunidade de encontrar alguém por não ter se arrumado antes de sair de casa? Posso garantir que uma mulher solteira com a intenção de encontrar um parceiro não pode se permitir ficar descuidada um único dia. Se o homem certo estiver próximo, você vai querer parecer a mulher certa. E, se não parecer, ele não irá acreditar que seja.

Em vez disso, ele poderá prestar atenção na mulher que se preocupou em ir até a mercearia um pouco mais arrumada. Seu dia "ruim" pode ser o dia de "sorte" dela — nessa fração de segundo em que um homem a vê e está decidindo que mulher irá abordar, garanto que será aquela que ele imagina ao seu lado. Aquela que mais chamou sua atenção.

É sempre assim. Sem erro.

Então, por que não colocar em prática um dos meus lemas favoritos? É melhor estar preparado para uma oportunidade e não tê-la do que ter a oportunidade e não estar preparado. Isso também vale para a maneira como você se apresenta no trabalho. Seu patrão irá tomar decisões sobre quanto você ganhará, onde se sentará, qual será seu cargo e se poderá ou não representar a empresa em público com base não apenas na sua ética profissional e na sua contribuição para o bom andamento do trabalho, mas também em sua aparência. Você sabe que é verdade. Ele não irá escolher uma mulher antiquada e deselegante, com cabelo oleoso e hálito ruim para se sentar na mesa de reunião ou para falar com os clientes; escolherá alguém que gasta pelo menos uma parte do que ganha com roupas de qualidade, um bom corte de cabelo e uma manicure, e que tenha uma aparência digna de representar a empresa. Esse chefe não quer que alguém olhe para a pessoa que o representa e tire conclusões ruins por causa de sua aparência.

Outro dia, estava explicando essa questão para meus funcionários, pois percebi que alguns deles chegaram para trabalhar com uma aparência nada profissional. Expliquei que, mesmo que eles tivessem tido uma noite ruim ou um começo de dia complicado, não deveriam permitir que eu percebesse isso pela maneira como estavam vestidos ou pelo cabelo desarrumado. Eu não preciso que saber que eles estão passando por uma fase difícil pela maneira como se apresentam no escritório. Entendo que as coisas podem não estar perfeitas em casa, isso acontece, e às vezes você pode não estar com disposição para usar roupa social ou salto alto para trabalhar e prefere jeans e sandália, mas esse tipo de roupa não combina com o ambiente profissional. Temos uma imagem a preservar. Não importa o quão cansado esteja, procuro me vestir bem e ter sempre uma boa aparência. Não vou sair de casa usando moletom e com a barba por fazer. Não posso me permitir estar desgrenhado, jamais.

Sempre tem alguém observando.

O mesmo vale para as mulheres à procura de um relacionamento: você não pode se permitir ir a uma festa usando um agasalho, parecendo desarrumada, se pensa seriamente em encontrar um companheiro. Não estou dizendo que você precisa ir à mercearia de vestido longo e brincos de brilhantes. Mas, ao sair de casa, arrume-se. Boa apresentação não significa perfeição, mas você pode pelo menos parecer arrumada. Com isso, é natural que você atraia os olhares masculinos — fará com que ele decida se vai atirar a isca para você.

Lembre-se de que a boa aparência precisa ir além dos primeiros encontros. Se um homem ainda estiver naquela fase de decidir se quer ou não assumir um compromisso, você não pode sair ao natural no início do relacionamento. Tem que ir devagar — deixe os bobes, o robe e o rosto lavado para quando ele realmente estiver caído por você, ou então estará dando a ele uma desculpa para sair correndo. Se quiser prolongar seu relacionamento, mantenha-se sempre arrumada até descobrir se vocês têm alguma chance juntos. (E, se estiver seguindo minhas orientações, usará a regra dos noventa dias para descobrir isso, certo? Certo!)

Um amigo meu estava saindo com uma mulher que parecia ser perfeita quando ele a conheceu — em termos de aparência e de comportamento não tinha rivais. Os três primeiros encontros só confirmaram essa impressão. Então ela o convidou para um encontro mais íntimo em sua casa, só os dois.

Bem, quando ele chegou, ela o recebeu de chinelos, usando meias furadas e calça de moletom; estava com o cabelo preso e sem maquiagem. Ela estava cozinhando e disse a ele: "Achei que fôssemos apenas relaxar e que então deveríamos ficar à vontade."

"Aquilo acabou completamente com a imagem que eu tinha dela", ele disse. "Eu não estava preparado."

E quem poderia culpá-lo? Deixe o homem se apaixonar antes de mostrar quem você realmente é, porque, goste ou não, ele não sentirá atração alguma pelo moletom e pelas meias furadas, ou pela mulher que aparecer desse jeito no início do relacionamento.

Às vezes, parece que vocês acreditam que, se realmente estivermos a fim, aceitaremos vocês como são desde o primeiro dia. "Vou mostrar quem realmente sou!" Bem, ele não precisa ver tudo. Você não precisa revelar todos os seus segredos — não precisa contar que vai ao salão tingir o cabelo para ficar com esse tom de loiro, ou que seus cílios não são naturalmente desse jeito, ou que a cinta foi fundamental para usar aquele vestido sexy que chamou a atenção dele na primeira vez em que se encontraram. Deixe que ele aprofunde seus sentimentos por você antes de começar a revelar seus truques.

Marjorie, que reencontrei e com quem me casei vinte anos depois de termos nos conhecido e namorado rapidamente, agiu assim quando voltamos a sair, e eu a respeitei muito por isso. Durante os primeiros cinco ou seis meses ela estava sempre arrumada — mesmo quando estávamos sozinhos. Se tirava um cochilo, levantava e ia ao banheiro se arrumar antes de vir encontrar-se comigo. Isso era uma mensagem clara para mim, pois qualquer mulher que esteja com um cara em minha posição sabe que também estará sob os holofotes, e, assim, demonstrava que poderia lidar com seu papel caso nossa relação se aprofundasse. Isso vale para qualquer homem — não apenas para as celebridades que terão suas fotos estampadas nas revistas. Todos os caras que trabalham querem alguém assim porque no final do dia precisam ter nos braços uma mulher que os faça sentir como se estivessem bem (ou pelo menos melhor do que realmente estão).

É claro que Marjorie está mais tranquila agora que estamos casados, mas em casa, mesmo depois de tantos anos, o máximo que ela faz é deixar a maquiagem de lado. Ela prende o cabelo, mas sua pele está sempre brilhando e as unhas e os pés estão sempre impecáveis.

E ela jamais sai de casa — mesmo que só para fazer um passeio — sem estar bem-arrumada.

Entendo que nem todas as mulheres tenham vontade de se enfeitar dos pés à cabeça todas as vezes que passam pela porta de casa, mas você pode se permitir isso? Não podemos esquecer que a competição lá fora é grande. E é isso o que elas vão fazer: desde o cabelo até as roupas, o corpo e os pés, tudo estará muito bem-arrumado. E, quando um homem bate os olhos, é isso o que chama sua atenção.

Mas não somos tão simplistas a ponto de deixar escapar algo significativo só porque alguém de muito boa aparência surge no caminho. Porém, se o homem ainda estiver pensando a respeito — se ainda não se declarou, não fez nada importante por você e não está disposto a protegê-la a qualquer custo —, não lhe dê motivos para se afastar. Isso é algo que você pode controlar; se ele decide se aproximar, falar com você e convidá-la para sair, e depois convida de novo, e de novo, então é claro que você está agindo corretamente. Mas não se sinta à vontade muito cedo, e esteja sempre um passo à frente da concorrência.

Mesmo que você tenha um relacionamento, seja cuidadosa; algumas coisas são importantes para manter a atração que sentem um pelo outro. É claro que isso é uma via de mão dupla: nenhum homem pode achar que tem o direito de ficar relaxado e exigir que a parceira fique arrumada todo o tempo. Eu ainda me visto bem para minha mulher, e nosso casamento vai muito bem. Mesmo nos dias de folga, quando estou apenas descansando em casa, visto uma camiseta bacana e calço tênis, faço a barba e tomo banho antes de descer para jantar. Faço isso porque não quero que ela me veja todo arrumado no palco e, depois, em casa, exageradamente casual. Esse tipo de atitude vale para todos os homens, mas é mais importante para esposas e companheiras. Em *Comporte-se como uma dama, pense como um homem*, eu disse que o principal motivo para os homens traírem é o fato de existirem muitas mulheres dispostas a trair com eles. O que quero dizer é que você não pode dar motivos para que ele saia à procura de estímulos estéticos. Sinto muito, mas nós sentimos falta disso. Gostamos disso e queremos ter sempre. Simplesmente não é legal quando você se acomoda e senta à mesa de jantar com um lenço na cabeça, sapatos que você usava quando ia para a faculdade e calça de moletom. Não gostamos de sentir o cheiro forte de creme ou de removedor de esmalte. O que vimos de manhã quando você saiu de casa foi um belo vestido, escarpins que você disse serem essenciais, apesar de custarem o equivalente a uma viagem de fim de semana, um batom discreto mas brilhante, o cabelo arrumado. Sentimos seu perfume no ar. Vimos o sorriso no seu rosto e seu andar bamboleante ao levar toda essa beleza para o escritório. Vimos tudo isso sair pela porta da frente, mas não quando você a atravessou de volta. Isso não seria um problema para você se não passássemos a semana toda no escritório, olhando para nossas colegas de trabalho, arrumadas e glamourosas, bonitas e perfumadas, e depois voltássemos para casa para nossa mulherzinha. Esse é o tipo de situação em que outra mulher pode aparecer para ocupar os dias de trabalho enquanto você fica com ele nas folgas.

Não mate o mensageiro só porque não gostou da mensagem, mas preciso perguntar: quanto tempo você acha que consegue manter um homem nessa situação? Pode ficar brava comigo se quiser, mas a ideia de que depois de um tempo um homem deve amá-la apenas pelo que você é, sem que haja qualquer "agito", simplesmente não existe no mundo real. Sabemos que você dá tudo no trabalho e depois vai para casa e dá tudo o que pode para as crianças, além de mantê-la em ordem — nós entendemos. Mas você precisa reconhecer o que significa para um homem quando vê chegar em casa uma mulher que se preocupa com a aparência — especialmente quando sabemos que ela faz isso por nós. Vá para casa de vez em quando e diga a ele: "Sabe de uma coisa, querido? Pensei que seria bacana se nós nos arrumássemos para jantar esta noite — só nós dois."

Faça isso, e as mulheres arrumadas do trabalho não serão tão especiais, pois ele terá alguém especial em casa. Sabemos que quando você coloca aquela camisola sexy, ou aquela camiseta justinha e espera até que as luzes estejam desligadas para soltar o cabelo, sabemos que está fazendo tudo isso por nós e gostamos disso. Faça isso e conseguirá manter os olhos do seu marido onde eles devem estar — mesmo depois de vocês se apaixonarem e o tempo provocar mudanças no seu corpo. Quando amamos uma mulher de verdade, não nos importamos se as formas não são mais as mesmas; você continua linda. Embora a aparência seja o primeiro motivo a nos levar a abordar uma mulher, não é por causa disso que nos apaixonamos e continuamos apaixonados. Nós percebemos as mudanças. Só não queremos que vocês desistam. Queremos que, mesmo com as mudanças, vocês continuem se esforçando para ter uma boa aparência — que nos deixem excitados da mesma maneira que faziam quando nos conhecemos.

SÓ PARA AS DAMAS...

Deus sabe que não continuaremos sendo sempre o mesmo homem que vocês conheceram: teremos barriga de chope ou uma careca, além de partes do corpo que não vão funcionar da mesma maneira, e mesmo assim vocês ainda nos amarão. Mas isso não é desculpa para relaxarmos — obrigar vocês a continuarem sexualmente atraentes, quando sabemos que nossa nota nesse quesito está bem baixa. Talvez possamos ajudar um ao outro a recuperar a sensualidade — incentivando um estilo de vida mais saudável, reconhecendo e aceitando as mudanças do nosso corpo à medida que formos ficando mais velhos, e nos ajudando a ressaltar o que ainda há de bom. Você pode descobrir um novo corte de cabelo, ele pode começar a usar roupas mais apropriadas. Os dois podem criar um programa de exercícios para fazer juntos — matricular-se em um curso de dança, fazer uma caminhada após o jantar —, coisas que os ajudarão a perder peso e a se manter unidos. Só o fato de se esforçarem para ficar juntos já contará muitos pontos para preservar a relação.

8

A CEREJINHA

Por que os homens precisam dela, por que você deve guardá-la

Nós simplesmente precisamos dela.

Assim como a terra precisa de sol, assim como o peixe precisa de água.... os homens definitivamente não conseguem — repito: NÃO CONSEGUEM — viver sem sexo, ou aquilo que costumo chamar de cerejinha.

Se estiver respirando, for livre e não tiver problemas médicos que o impeçam, o homem terá relações sexuais. Ponto final.

Não há nada neste mundo que o faça se sentir melhor do que sexo. Nem o gol decisivo do jogo. Nem uma cesta de três pontos no final de uma partida de basquete. Nem mesmo a mais forte das drogas. É o que existe de mais gratificante; não há nada que se compare para melhorar a autoestima, liberar a tensão e proporcionar uma sensação de conquista para qualquer homem — é como uma válvula de pressão que se abre liberando todo o vapor e toda a energia acumulada, fazendo com que a máquina fique perfeita de novo.

E, para que nossas máquinas — nossos corpos, nossas almas e nossas mentes — fiquem perfeitas, vamos tentar fazer sexo de todas as formas possíveis. Sim, gostamos muito disso.

O que as mulheres precisam entender, porém, é que se trata apenas de um ato. Por mais que soe como um clichê, os homens não têm a menor dificuldade em diferenciar o ato sexual do ato de amar ou de estar apaixonado. É claro que, quanto mais habilidosa a parceira, mais prazeroso é o ato — e se ela for linda como a mulher ideal com a qual fantasiamos, tanto melhor, especialmente se ela souber o que faz. Mas a verdade é que não temos problema algum para fazer sexo e ir embora logo depois. Se não estivermos apaixonados por nossa parceira, não sentiremos vontade de demonstrar carinho ao tocá-la. Não queremos conversar, revelar sentimentos, fazer planos e sonhar com você. E, se nós nos submetemos à conversa e ao carinho pós-coito, provavelmente não estamos sendo sinceros — é apenas uma forma de manter viva a possibilidade de outro encontro caso necessitemos liberar a tensão sexual.

Pode ser frio, mas é um fato. Direto, sem enrolação.

Nós homens não entendemos a ideia que as mulheres têm de que podem usar o sexo para aprofundar nossos sentimentos por elas. Se você acha que o fato de se entregar de um jeito especial fará alguma diferença em nossa maneira de responder emocionalmente, está redonda e tristemente enganada.

Ele só pegou a cerejinha porque você a entregou. É sério. Mesmo que você seja doce e sedutora; mesmo que tenha imaginado que dormir com esse homem faria vocês se conectarem de uma forma especial, muito mais do que se tivessem ido ao cinema e depois jantado, caminhado pelo parque e conversado, ele provavelmente estava pensando algo do tipo: "Muito bem, cá estamos: nove e meia da noite de terça-feira. Se formos rápidos, dá tempo de assistir ao noticiário esportivo da noite. Vamos lá, garota!" Em geral, a ligação física não leva a muito mais do que isso.

É por isso que em *Comporte-se como uma dama, pense como um homem* insisti que as mulheres deveriam adotar a regra dos noventa dias — um período de experiência em que você nem pensa em fazer sexo com o cara até descobrir se ele está realmente a fim de você ou se está apenas tentando se dar bem para depois cair fora. Foi o capítulo mais criticado pelas mulheres. Muitas simplesmente se recusam a ouvir falar desse assunto. Algumas chegaram a telefonar para meu programa para dizer que achavam a marca de noventa dias arbitrária. Nas sessões de autógrafo do livro, em todas as cidades por onde passei as mulheres protestavam dizendo que noventa dias era "muito tempo" e insistiam que deveriam fazer o que lhes parecia certo, o que "o coração mandava" e "torcer" para "não se machucar". Minha argumentação favorita foi feita por uma mulher que disse que não seguiria a regra, pois já havia tentado com um cara que a deixou porque ela não queria dormir com ele. Como se ele tivesse a intenção de ficar com ela caso tivesse lhe dado a cerejinha.

Já disse antes e vou dizer de novo: o homem que se recusa a lhe dar um tempo para que você descubra se ele merece alguma intimidade não é o cara *para você*. Ele irá se afastar porque não está à altura dos seus níveis de exigência, e sim demonstra que não se interessa pela sua felicidade. Não está disposto a investir emocionalmente em você; nem sequer considera isso uma opção. Então, por que você iria querer um cara desses por perto?

Trate o sexo como algo especial e deixe o homem em quem está interessada saber disso. Adivinhe o que vai acontecer? Ou ele se afastará — o que você vai querer se estiver pensando em um relacionamento sério — ou verá algo especial em você e fará o que for preciso para estar à sua altura. Quando você exige algo de um homem, ele não terá problemas em lhe dar o que deseja se realmente quiser investir na relação. Seu prêmio só será especial se você nos fizer tratá-lo como especial — se formos obrigados a admitir para nós mesmos que precisamos esperar, que você não é simplesmente mais uma garota para usar e jogar fora. Os homens não se importam de mostrar que merecem a mulher se acharem que ela vale o esforço e a atenção.

Mas, se você trata o sexo como se fosse uma caixinha de chicletes, vamos tratá-la do mesmo modo. E você sabe que não dá para mascar um chiclete por muito tempo. Você coloca um na boca, masca durante algum tempo e depois cospe quando perde o sabor. Depois masca outro, e assim vai, até a caixa acabar. Você não vai querer ser a caixa vazia de chiclete, vai?

Você quer ser a pessoa com quem ele se sente emocionalmente envolvido porque quando um homem a ama e está comprometido apenas com você o sexo é completamente diferente; é o tesouro no fim do arco-íris. Aquela mulher ideal que tínhamos na cabeça desde que nos tornamos sexualmente ativos torna-se uma pessoa de verdade. Quando fazemos sexo com ela, nossos desejos físicos, emocionais e mentais ficam sincronizados e atuam juntos para lhe proporcionar um prazer exponencialmente melhor do que qualquer outra experiência sexual que jamais conseguiríamos imaginar e que, sem dúvida, nunca tivemos. Quando estamos fazendo amor com a mulher que amamos, não queremos que acabe nunca; queremos continuar tocando-a e sentindo seu cheiro e saboreando-a porque cada centímetro do seu corpo nos excita como nenhuma outra — ela nos enlouquece. O sexo com essa mulher nos rejuvenesce, nos dá a força e o conforto necessários para prosseguir, o bem-estar de que precisamos para enfrentar os momentos difíceis. E desejamos profundamente que nossa parceira sinta a mesma coisa em relação a nós, e faremos tudo o que pudermos para lhe dar esse imenso prazer, porque a amamos e queremos que se sinta como nós. Queremos que seja feliz.

Os homens — e só eles — podem decidir se a amam e se o seu pote de ouro é especial para eles. Você não pode decidir isso, não pode dizer algo do tipo: "Vou ser tão sensual que ele ficará amarrado demais para se afastar." Isso não funciona. Nenhum homem irá amá-la sem antes saber como *você* quer ser amada, como espera ser tratada e se vale a pena ir além de um envolvimento casual.

Pergunte a qualquer homem se estou dizendo a verdade e ele lhe dirá o mesmo.

Envolvimento sexual sério versus relação casual

É normal que, mesmo que o homem esteja comprometido com a mulher que ele ama, o sexo vá minguando aos poucos. Faz parte da natureza humana. Vocês se sentirão mais confortáveis um com o outro. Ainda não conheci um casal com filhos pequenos que não ache a cama *king size* — enorme durante a lua de mel — pequena agora que a criança aparece no meio da noite (você consegue pensar em algo mais romântico?). As contas também marcam presença de vez em quando e com elas o tipo de estresse que pode afetar a energia sexual. E haverá momentos em que vocês estarão simplesmente cansados de olhar um para o outro, mesmo sabendo que não conseguem viver separados. Porém, mesmo com todas essas mudanças, posso garantir que o desejo de seu marido por sexo continuará igual. Mais uma vez, a menos que haja algum impedimento físico, um homem vai querer fazer sexo regularmente, ainda mais se estiver comprometido com você.

Não estou dizendo que precisa ser todas as noites. Isso é para os jovens que não têm outra coisa a fazer senão pensar na próxima conquista. E também não estou sugerindo que um cara não fará concessões para as ocorrências naturais que impedem as mulheres de nos amar, como doenças, resguardo ou coisas assim. Os homens não são desalmados — não somos os bastardos que muitas mulheres acreditam. Mas a liberação que conseguimos com o sexo é essencial para a nossa existência. Como já escrevi antes, recarrega nossas baterias, alimenta nosso ego, libera a pressão que sentimos. Por isso, se não conseguirmos a atenção que precisamos ter no quarto com alguma regularidade, os problemas surgirão. Não estou dizendo que ele vai trair. Muito menos que ele tem o direito de trair. Mas a tentação irá surgir e ele irá pensar no assunto.

É claro que nem todos os homens agem assim. Mas aqueles que dão uma escapada, mesmo tendo um relacionamento firme, estão sendo sinceros quando dizem que "*ela* não significa nada". O importante para o homem que resolve ter um caso é o fato de haver alguém disposto a atraí-lo para uma situação na qual ele sentirá as emoções "da caça e da captura", terá sexo sem compromisso. Ele não precisará conversar, não terá responsabilidade alguma com alguém que representa uma fuga de todo o estresse do dia a dia. Ela irá se arrumar para a ocasião, fazer do sexo um encontro erótico e realizar as fantasias que ele não pode ter em casa.

Depois que acabar, ele voltará feliz, satisfeito por ter recarregado as baterias, por retomar sua vida com a mulher que ama. O sexo com a outra mulher é apenas... sexo. A outra pode não reconhecer ou não querer reconhecer isso, mas na maioria das vezes essa é a verdade; e no fundo ela sabe.

O homem está errado ao agir assim, sabendo que, embora o sexo com outra mulher não signifique nada para ele, é tudo para você? Certamente! Apesar de terem milhares de desculpas, os homens que pulam a cerca sabem que não há uma explicação lógica, aceitável, espiritual ou razoável para suas ações, e que a possibilidade de serem descobertos pode significar o fim de uma bela relação. Todos os homens chegam a um estágio da vida em que percebem que nada compensa a perda da família; que a beleza da convivência com uma mulher amorosa, a criação de uma família com ela e seus filhos, a responsabilidade pelo seu sustento e bem-estar, a labuta para realizar todos os seus sonhos, tudo isso é mais importante do que qualquer orgasmo que ele possa ter com outra mulher. Um momento de prazer por sua vida — esse é um preço bem alto para qualquer um pagar. A parte triste é que muitos precisam cometer o erro, ser pegos e pagar o preço antes de se dar conta do valor de tudo o que poderiam perder.

E essa é a verdadeira vergonha disso tudo.

Não estou dizendo que, para manter seu homem fiel, você tenha que ir para a cama com ele assim que sentir um tapinha nas costas. A mulher tem todo o direito de esperar que seu marido seja fiel e que não vá para a cama de outra mulher só porque as coisas não estão perfeitas em casa. Não é tarefa sua mimar e convencer um homem a ser fiel; você não pode mudá-lo se ele é assim. Mas, como eu disse em

Comporte-se como uma dama, pense como um homem, você pode despertar o que há de melhor nele. Vocês dois precisam conversar e descobrir como fazer as coisas darem certo, como agir para recuperar a felicidade — e a satisfação.

Admito que, quando o homem se acomoda, acaba esquecendo quanto lhe custou ter a honra de ser seu parceiro. Ele pode relaxar — esquecer de lhe comprar flores sem um motivo especial ou de lhe dizer como você está bonita, ou pensar que não tem problema transar rapidinho em vez de se dar ao trabalho de deixar você realmente excitada. O homem não entende que, para que a mulher seja tudo de que ele precisa, tem que satisfazer uma boa parte das necessidades dela. Ele não percebe ou não lembra que ela gosta de falar de seus sonhos e de suas ambições, ou que ela gostava de quando saíam para jantar. Ele não sabe que ela fica sentada em sua mesa de trabalho ouvindo a amiga do lado dizer "Eu também te amo, querido" ao telefone; que no Dia dos Namorados as amigas recebem presentes enquanto ela não recebe nada; ele não sabe que todo mundo no escritório está começando a perguntar se ela tem mesmo um namorado, já que nunca ninguém a viu sair com alguém para almoçar, rir de alguma mensagem de texto ou contar aos colegas alguma coisa que a deixou orgulhosa do namorado. Na verdade, nós às vezes criamos uma distância sem nem mesmo perceber, pois estamos ocupados demais com nossas próprias coisas. Como lembrar o homem disso? Falando. Simples assim.

Nós homens somos criaturas muito simples e quase robóticas em relação aos nossos hábitos. Como explico no capítulo 12, "A arte da negociação", se você nos disser o que deseja, nós faremos, especialmente se pudermos tirar algum proveito disso. Se disser a um homem que ele teria mais sexo com você, a mulher que ele adora, se arrumasse tempo para uma noite só de vocês, sem as crianças, se lhe enviasse flores sem motivo ou se ajudasse mais com as tarefas para que você ficasse menos cansada e tivesse tempo de se preparar para ele, adivinhe o que ele iria fazer?

Da mesma forma, se não sente vontade de fazer sexo porque seu companheiro não está lhe dando algo que você possa sentir, você deve conversar com ele. Ele não tem como saber que você está insatisfeita se não conversar com ele. É claro que os homens são diferentes, mas todos temos algo em comum: um ego tremendo quando se trata de sexo. Não importa se somos bons ou ruins, todos acreditamos que somos os melhores — e estamos fazendo de tudo para que você suba pelas paredes. Achamos que fazemos algo razoável porque estamos nos esforçando e não temos como comparar. (Não, pornografia não conta porque não estamos prestando atenção no cara — estamos concentrados na mulher e em suas reações.) Vocês já tiveram outros namorados e podem conversar com as amigas a respeito deles e falar dos detalhes. Mas nós, homens, não falamos disso. Nunca. Não podemos pedir conselho aos nossos pais porque qualquer coisa que eles dissessem evocaria imagens de nossas mães, e isso não é algo que um homem goste de ter na cabeça. Nunca. E não conversamos com nossos amigos porque admitir que nos faltam técnicas seria admitir uma fraqueza e, além disso, não queremos que eles fiquem imaginando o que fazemos com nossas mulheres. Portanto, os homens não aprendem com os outros homens. Nunca.

Aprendemos a agradar uma mulher por meio de tentativas e erros. Procuramos memorizar o que funcionou com cada parceira — "Quando fiz aquilo, senti um tremor..."; "Quando a toquei ali, ela ficou excitada...". Depois de anotarmos alguns pequenos pontos, áreas e tremores que estimularam nossas parceiras, nos consideramos experientes.

Ninguém nos disse que somos ruins; você nunca fala nada. Nós sempre conseguimos chegar lá (não sabemos se você chega também), por isso achamos que estamos abafando. Nossos músculos estão rígidos, estamos tremendo, os cabelos da nuca estão em pé — somos bons. Incríveis! Por isso, a menos que diga ao homem que quer algo diferente, vai continuar recebendo a mesma coisa.

Mas você precisa ser cuidadosa ao falar sobre o que quer. Como eu disse, os homens têm egos gigantescos quando se trata de sexo. Se você chegar dizendo "Sabe de uma coisa? Você não faz as coisas do jeito que eu gosto na cama", pode ferir alguns sentimentos — e não só os dele. Não exagere. Afirmei em *Comporte-se como uma dama, pense como um homem* que as duas palavras que mais assustam os homens e os colocam na defensiva são "Precisamos conversar". Por isso, procure abordar o assunto estrategicamente — com delicadeza. Seja inteligente. A melhor hora para tocar na questão é durante o ato em si; porque quando estamos fazendo sexo somos receptivos a qualquer coisa. Se você disser: "Adoro quando você faz isso" ou "Me vire e vá para a esquerda", é exatamente isso que faremos.

Você também dispõe de outros instrumentos para conseguir o melhor do seu homem. Por exemplo, pode enviar uma mensagem de texto: "Querido, se me ajudar com as crianças hoje à noite, às nove e meia elas já estarão na cama, e nós também poderemos ir para a cama e...." Deixe um bilhetinho perto do aparelho de barbear: "Lembra o que você fez comigo? Só de lembrar fiquei toda arrepiada! Quando vai fazer aquilo de novo?" Você também pode ligar para o celular e deixar uma mensagem: "Adoro quando você fala bobagens no meu ouvido, faça isso quando chegar em casa... e me toque..."

Durante duas semanas, você poderá dizer a ele tudo o que quiser que ele saiba e conseguirá ter tudo o que deseja. Porque ele também terá o que quer: sexo muito bom com a mulher que ele ama, dando-lhe prazer, fazendo-a feliz. É tudo o que um homem realmente comprometido e apaixonado deseja.

Queremos agradar a mulher com quem estamos comprometidos e emocionalmente ligados. *De verdade*. Porque se nós dois estivermos satisfeitos — sexual, emocional e mentalmente —, não há como pularmos a cerca. As chances de isso acontecer estão perto de zero, porque o que os homens sabem por experiência própria é que essas "pedras preciosas" não se comparam ao pote de ouro que ele tem em casa. Ele não se arriscará a perdê-la fazendo algo que sabe que não significa nada para ele, mas tudo para você.

E isso me faz lembrar por que é tão importante que as mulheres obedeçam à regra dos noventa dias — para realmente avaliar um homem e descobrir se ele merece a cerejinha, antes de entregá-la. Se você estiver em busca de um relacionamento sério, esse cara precisa provar que merece e que está preparado. O sexo não é garantia de que ele continuará por perto — pelo menos não pelos motivos certos.

Uma coisa que acho incrível em relação às mulheres e que não entendo é: vocês sabem quando os homens não estão correspondendo aos seus sentimentos, porém entregam tudo, continuam tentando fazer com que as coisas funcionem. Por que entrar nesse jogo? Por que não descartar de vez todos os homens que vocês sabem que não farão nada além de magoá-las e decepcioná-las? Por que não esperar o homem que agirá corretamente? Entenda que ele está por aí, em algum lugar. Não existe um homem que possa viver sem uma boa mulher. A maioria dos homens *irá* se casar. Um deles com você. Um homem de verdade não conseguirá cumprir seu destino sem vocês. Como poderá ter filhos? Como continuará sua linhagem? Ele quer deixar um legado; se não conseguir fazer mais nada, vai querer deixar seu nome. Mesmo que tenha crescido sem um pai, no fundo ele sabe que pode consertar isso — quebrar o ciclo, iniciar uma tradição e ser considerado uma pessoa especial por alguém. É por isso que nossos pais se doam e trabalham tanto — para que possamos ter uma vida melhor do que a deles. Tenho certeza de que minha mãe e meu pai estão em algum lugar olhando para mim e dizendo: "Esse é o nosso filho. Fizemos um bom trabalho."

Lembro-me de quando estavam vivos e nos sentamos ao redor da mesa no Dia de Ação de Graças; meu pai se inclinou, deu um tapinha nos ombros de minha mãe e disse: "Você algum dia imaginou que um dos nossos filhos estaria na TV?"

"Nunca", minha mãe respondeu. "Deus é muito bom."

Ao que meu pai respondeu: "Ele é mesmo."

É isso que um homem quer: ter alguém que se orgulhe dele e sentir-se orgulhoso de alguém. Isso é muito importante para ele. E as mulheres o ajudam a conseguir isso. Não podemos ter filhos sem vocês, não formaremos famílias sem vocês, não seremos o homem da casa sem vocês, não adianta sonhar sem vocês.

Não podemos existir sem vocês.

Reconheço, ninguém nos ensina isso. Nenhum pai diz: "Meu filho, você não vai conseguir viver sem uma mulher." Mas um homem bom dirá a todos que queiram ouvir que ele não pode viver sem a mulher *dele*. Quando minha mãe morreu, meu pai me disse: "Filho, vou apenas sobreviver daqui para a frente porque a vida sem sua mãe não significa mais nada. Sempre soube que a vida sem ela não seria nada."

Vendo quão deprimido ele estava, eu tentava alegrá-lo, embora soubesse que ele havia perdido o amor da sua vida, a mulher com quem fora casado por 62 anos. Eu o lembrei de que Wynton tinha acabado de nascer, e que precisava do avô. Ele disse: "Acho que posso ficar mais um pouco." Mas depois de ficar algum tempo sozinho, refletindo, voltava a dizer: "Será que Deus irá permitir que eu a veja de novo? Estou pronto para encontrá-la, mesmo que só para vê-la mais uma vez."

Meu pai faleceu três anos após a morte de minha mãe. Ele não teve nenhuma doença específica — câncer, derrame, ataque cardíaco. Simplesmente foi dormir uma noite, cansado. Seu coração estava partido porque não conseguia continuar sem a mulher que o completava.

Os princípios que expus aqui são os mesmos que ensino aos meus *filhos e filhas*. Meus filhos não são incentivados a sair e "conquistar" o sexo oposto; em vez disso, digo a eles que devem respeitar as moças que namoram da mesma maneira que esperam que os outros respeitem suas irmãs. Também falo dos efeitos que o sexo pode ter em suas vidas e na vida das garotas com quem se envolvem: eles precisam entender que não podem se descuidar porque as consequências — emocionais, mentais e físicas — serão devastadoras para todos os envolvidos. Se a garota engravidar, as consequências afetarão suas vidas de maneira definitiva.

Ensino a minhas filhas que elas precisam estar bastante cientes de seus padrões e níveis de exigência. Digo-lhes sempre que precisam estar dispostas a perder para ganhar, a se afastar de uma situação ruim para chegar a uma boa. Acrescento que isso é um simples raciocínio matemático: junte os fatos e analise se o cara está agindo da maneira que você espera. Você merece ser feliz, merece ser tratada como uma rainha, merece que falem com você com respeito. Merece sentir o que é ser tratada como alguém especial. "Não permitam que as tratem de outra maneira", digo às minhas filhas. "Vocês receberão tratamento especial de seu pai até encontrarem um homem que as trate como eu as trato." E digo sempre que não terão nada disso se dormirem com um homem antes da hora. Já falei que não sou especialista em relacionamentos — apenas entendo como funciona a mente masculina e sei que isso é verdade. Quando eu mesmo e os homens que conheço fomos confrontados por uma mulher que se respeitava e que tinha seu futuro em tão alta conta que fez questão de deixar claro que não aceitaria menos do que esperava, não tivemos opção senão tratá-la com a devida consideração. Ela talvez não fosse a mulher ideal, e, nesse caso, seguimos em frente. Mas não tentamos fazer algum joguinho, brincar com ela enquanto não aparecia a mulher certa. E como poderíamos? Ela não permitiria. O que significa que, afinal, ela tinha o poder. E você também tem.

SÓ PARA AS DAMAS...

Cinco passos para esquentar as coisas com seu parceiro

1. Para conversar com ele, convide-o para um lugar tranquilo — de preferência onde haja água. Acho que os melhores diálogos que tive com minha mulher foram à beira da praia. Para onde quer que você olhe, não há nada além de areia, que é terra; ou mar, que é água; ou céu, que é o firmamento. Com essas três coisas presentes, você estará lidando apenas com as criações de Deus, e a conversa será pacífica. Ninguém sente vontade de discutir na praia ou num lugar tranquilo.Você mora longe da praia? Vá até um parque com um lago ou uma fonte, faça algo simples como convidar seu parceiro para um banho à luz de velas. Todas essas coisas irão deixá-lo relaxado, ao contrário de anunciar "Precisamos conversar", ou pior, tentar dizer a ele o que espera do sexo no meio de uma discussão acalorada.

2. Faça um elogio antes de fazer uma crítica. Se começar a falar sobre o que ele faz de errado, ele ficará muito decepcionado, irritado ou envergonhado para ouvir o que ele está fazendo direito. Por isso escolha as palavras cuidadosamente e fale das coisas que lhe dão um prazer imenso. Ele ficará feliz e anotará mentalmente para não esquecer.

3. Seja específica. Fale tudo o que gostaria de ter na relação de vocês — física, mental e emocionalmente — para que se reconectem de maneira significativa. Não se esqueça de lhe perguntar o que ele gostaria de ter, para que a conversa não seja unilateral. Afinal, nenhum dos dois é perfeito. Ao reconhecer que pode melhorar em algumas coisas, você abre espaço para que ele re-

ceba bem sua lista de exigências (que serão expressas de forma gentil).

4. Confirme e obtenha a confirmação do seu parceiro. Isso é muito importante para que as coisas entre vocês fiquem claras. Você pode dizer algo como: "Está certo, estou disposta a usar lingerie pelo menos três vezes por semana; você concorda em acender velas e colocar uma música apropriada?" ou "Prometo ser mais atenta e espontânea, e em troca você pode deixar as luzes acesas".

5. Coloque as promessas em prática imediatamente. Vá direto para a cama/banco traseiro do carro/lavanderia da casa da sua mãe e faça o que vocês dois prometeram fazer. Não há nada melhor para fortalecer o diálogo entre vocês, e você terá a certeza de ter exatamente o que queria.

Parte III
Segurando um homem

9

A PALAVRA COM "C"

Como conseguir o que deseja sem ser chata

Por mais que desejemos sua cerejinha, por mais que precisemos de uma cerejinha, existe algo que nos faz correr para o sentido oposto, por melhor que seja o sabor dela: CHATICE. Você pode ser uma mistura de Miss Universo com a dona de casa perfeita, mas, se começar a ficar chata, perderemos todo o interesse.

Pode acreditar: nós percebemos o que vai acontecer. Você começa a circular pela casa, olhando de um lado para outro, mostrando-se mais aborrecida a cada passo. Talvez a lata de lixo esteja cheia, exalando um cheiro desagradável. Ou seu marido tenha deixado a roupa suja no chão, em vez de colocar dentro do cesto. Ou a pia esteja cheia de pratos sujos. No minuto seguinte, você estará na cozinha com os lábios apertados e aquele olhar, a postura de irritação que extrapola os limites da cozinha e bloqueia a televisão da sala ao lado. Estamos tentando nos concentrar no lance que pode terminar em gol, mas seu comportamento deixa nossa testa suando mais do que uma lata e cerveja estupidamente gelada.

É óbvio que fizemos alguma coisa errada.

Não temos ideia do que seja, mas sabemos que vamos sofrer as consequências.

— Então você pensa que pode sentar e assistir ao jogo tranquilamente enquanto a pia está cheia de louça suja? — pergunta, juntando copos, pratos e talheres.

— Desculpe, meu bem. Eu só queria ver o jogo. Cuido disso em um minuto.

— Não preciso da louça lavada daqui a um minuto. Preciso *agora*. Você viu que a pia estava cheia. Como teve coragem de sentar para assistir ao jogo e deixar a pia cheia de louça suja para eu lavar?

E, do nada, você começa a falar um monte de coisas sem sentido. Sabe no que pensamos nesse momento? Em você se transformando num monstro gigantesco, demoníaco. Não importa que você seja pequena e bonita; quando fica irritada e começa a reclamar, a impressão que temos é de que estamos diante de uma criatura imensa com a voz do Darth Vader.

Você deixa de ser a mulher por quem nos apaixonamos. Na verdade, não é sequer alguém de quem gostamos.

Aliás, não se trata de amor.

Quaisquer que sejam as palavras que você diga, em nossa cabeça a tradução é a seguinte: "Então você prefere que eu saia e vá assistir ao jogo em outro lugar? Tudo bem, é o que eu vou fazer. Acho que vou telefonar para os amigos, nos encontraremos todos no bar. Posso ir tomar uma cerveja. Ou dormir no carro. Ou consertar a porta do porão e me trancar lá dentro para ter um pouco de paz."

Quando você explode — com palavras desagradáveis e atitudes agressivas ou com um silêncio mortal —, nós respondemos indo embora, nos afastando ou discutindo. Não importa qual seja a nossa reação, você provavelmente não vai conseguir o que deseja.

Você acha mesmo que explodir com seu parceiro — a definição de chatice — vai ajudar em alguma coisa?

Posso lhe adiantar que não.

Por melhor que você se sinta desabafando, mesmo que acredite que está certa, o fato é que, quando você fala de maneira atravessada com um homem, ele simplesmente ignora você e suas necessidades. Ele poderá justificar essa reação com base em suas palavras e no seu tom de voz — você fala alto, ele fala mais alto; você atira alguma coisa, ele atira outras; você lhe dá um gelo, ele finalmente se livra de você e suas paranoias até sentir que a mulher que ama está de volta.

Até que o clima lhe permita entrar no "modo-solução".

Em *Comporte-se como uma dama, pense como um homem*, escrevi como é importante para os homens resolverem as coisas. Nós não gostamos de conversar, de ficar ruminando ou de discutir o mérito da questão; assim como não gostamos de falar, alimentar e ouvir os problemas para entendê-los sem qualquer obrigação de resolvê-los. Não é assim que os homens funcionam. Nem é de nosso feitio ficar ouvindo tanto e ver um desperdício de energia com coisas que não são prioritárias para nós.

Qualquer que seja o problema, nossa vontade é de resolvê-lo — sem drama.

As palavras-chave são: *prioridade* e *solução*.

Bem, a sua prioridade pode não ser a nossa. *Você* pode gostar da cozinha limpa, ou *você* pode querer que o lixo seja retirado assim que o volume chegar perto da tampa, ou *você* pode querer que a grama seja aparada na sexta à tarde e não no sábado de manhã. Mas posso lhe garantir que, a menos que ele seja uma espécie de maníaco por limpeza, seu marido provavelmente não estará nem um pouco preocupado com as *suas* prioridades. Ele não deixa de lavar os pratos ou de tirar o lixo nem se esquece de recolher a roupa suja só para irritar você. Ele simplesmente não presta atenção nisso. Pode chamar de insensibilidade, discutir quanto quiser que ele já deveria saber que isso é importante para você, que detesta essas coisas. A verdade é que nada disso é prioritário para ele porque pratos na pia, lata de lixo cheia, roupas sujas no chão e todas as coisas desse tipo que tanto preocupam as mulheres não nos incomodam. Ele pode ter na cabeça coisas que considera mais importantes do que um copo sujo e uma lata de lixo cheia. Sério, não tem nada a ver com você.

Certo, ele deixou a toalha molhada na cama. Não foi para irritá-la; apenas se esqueceu de pegar.

Certo, ele só levou a lata de lixo para fora ontem à noite depois de o caminhão passar. Ele não ficou ouvindo o caminhão se aproximar para esperar que passasse e, assim, irritá-la; só achou que não precisava estar lá fora antes de o caminhão passar na frente da casa.

Certo, ele se sentou no sofá para assistir ao jogo em vez de lavar os pratos logo depois que a família terminou de comer o jantar que você preparou. Ele não está enrolando até você perder a paciência e lavar a louça; apenas decidiu assistir ao jogo primeiro e cuidar dos pratos mais tarde.

Em cada um desses casos, ele tinha prioridades que não coincidiam com as suas naquele instante. Talvez ele tenha feito outras 39 coisas antes de você começar a gritar sobre a 40ª que ele ainda não começara a fazer. É claro que ele vai resolver tudo, mas não de acordo com o *seu* cronograma. Para nós, isso não justifica sua transformação em um monstro. E seus ataques por causa dessas coisas são recebidos como exemplo de mau comportamento. Por isso, quando a crise acabar e você voltar a ser a mulher bonita, normal e doce que amamos, poderemos resolver o que estiver errado — lavar a louça, levar o lixo para fora, botar a roupa no cesto — e retomar *nossas* prioridades.

Os homens entendem que as mulheres são pessoas especiais cujas necessidades especiais estamos preparados para satisfazer. Você só precisa ser mais diplomática para conseguir o que quiser de nós. Tente se lembrar das cinco coisas listadas a seguir antes de falar com um homem sobre algo que você quer que seja feito ou de que não gosta.

1. Ajuste o tom de voz

Seu parceiro não é seu filho. Se falar conosco com a voz áspera, em tom de acusação, como se fôssemos crianças, vamos cair fora como adultos. Temos que ser firmes porque você está colocando nossos princípios em dúvida. Está sugerindo, com esse tom maternal, que somos criaturas desagradáveis que não se preocupam em ter uma casa limpa, ou que somos preguiçosos ao ficar sentados enquanto todo mundo faz alguma coisa, ou, o que mais machuca, que nos recusamos a ajudá-la de propósito porque não nos preocupamos com você ou não a respeitamos. É claro que nada disso poderia estar mais longe da verdade. Mas, com esse tom de voz, realmente não vamos lhe dar de imediato o que quer e o que precisa.

2. Deixe que ele faça o que precisa ser feito no ritmo dele

É claro que você quer que ele faça tudo imediatamente. Mas, cá entre nós, o sol vai parar de brilhar se ele não lavar a louça no intervalo do jogo? A Terra sairá do seu eixo de rotação porque ele decidiu pendurar a toalha quando subir as escadas de novo, daqui a uma hora, em vez de fazer isso neste minuto? Seu coração vai parar de bater porque ele deixou a correspondência no balcão e só vai organizar as contas depois que voltar do jogo? Você merece uma medalha de ouro pela insistência, mas o fato é que a maioria de nós já sabe que você quer a louça lavada, a toalha pendurada e as contas organizadas, e pretendemos fazer isso. Só que não agora. Por isso tenha paciência. Saia da cozinha e pare de olhar para a pia. Fique longe do banheiro se a toalha a estiver incomodando. Não se preocupe com as contas. Nós chegaremos lá.

3. Escolha suas batalhas

Se você se estressar por qualquer coisinha, seu parceiro irá "desligar" automaticamente todas as vezes que notar uma mudança na sua postura. E posso lhe garantir que, quando um homem "desliga", costuma ter muita dificuldade para perceber a diferença entre algo importante para você e algo nem tanto assim. Por exemplo, se você lhe dá uma dura sempre que ele quiser sair para jogar futebol com os amigos no sábado de manhã, dificilmente levará a sério se um dia você precisar que fique em casa para que você termine um trabalho urgente, por exemplo, ou se você quiser sair com suas amigas. As brigas frequentes fazem com que ele fique insensível às coisas que realmente importam para você. É como na história do garoto que ficava gritando que tinha visto um lobo: depois de um tempo, as ameaças ou o mau humor não serão mais levados a sério.

4. Entenda o que é prioridade para um homem

Existem coisas universais que simplesmente não são prioridades para a maioria dos homens: limpeza da casa, manter a geladeira cheia de coisas saudáveis, ir às reuniões escolares, fazer a cama de manhã, pedir informações. Se tivermos um lugar onde comer, dormir e ir ao banheiro, a maioria de nós não se preocupará se o chão está limpo o bastante. E desde que haja cerveja e uma ou duas coisas para beliscar — salsichas e batatinhas — ficamos satisfeitos. Quem precisa ir a uma reunião na escola? Preferimos ter as unhas arrancadas uma a uma a ficar em uma sala ouvindo outros pais discutindo detalhes da festinha da 5ª série. Por que fazer a cama? Vamos voltar para ela depois. E em hipótese alguma entraremos em um posto de gasolina para admitir para outro ser humano que não sabemos onde estamos. Você sabe dessas coisas. No entanto, além de querer que a gente perceba que é preciso comprar mais legumes, fazer a cama ou ir à reunião de pais, você também quer que a gente fique entusiasmado com isso. Esqueça: nunca vai acontecer. As mulheres geralmente têm uma habilidade mágica para perceber o que se passa à sua volta e estão atentas às necessidades dos outros; percebem se há algo errado no momento em que surge o problema. Vocês parecem absorver tudo — entendem, processam e tomam decisões firmes em relação a todos os envolvidos. Nós? Para o diabo com o que precisa ser feito ou se alguém tem algo a dizer sobre o assunto; temos a habilidade única de bloquear o que consideramos detalhes. Por exemplo: seu filho se machuca e procura apoio do pai. O que receberá? Uma solução prática: "Fique lá sentado até a dor passar." E a criança olhará para o pai com aquele olhar do tipo: "Puxa vida, eu queria um abraço, um beijinho no machucado, você precisa assoprar!" Então procura a mãe e sabe que receberá carinho, que ela limpará o machucado. Reconheço que isso é um fardo. E uma bênção. Vocês olham para um quadro e percebem as pinceladas, os diferentes tons de azul e como a textura destaca os olhos da mulher. Tudo o que nós vemos é uma mulher em um quadro emoldurado. O mesmo se aplica à vida: as mulheres prestam atenção aos detalhes; os homens só enxergam os gestos mais amplos. Não é para provocar vocês. Simplesmente é assim. Agora, se você tiver alguma prioridade, precisa nos dizer qual é, ou não vamos tratá-la como tal. Mais adiante direi como fazer isso, mas a melhor maneira de conseguir sincronizar suas prioridades com as de outra pessoa é deixando-as claras e sendo honesta em relação a isso. Se fazer a cama for uma prioridade para você, diga isso a ele. Pode não se tornar um hábito, mas é provável que, ao ver que isso é importante para você, ele se esforce para tentar agradá-la de vez em quando.

5. Faça o que fizer, não assuma as tarefas — muito menos com arrogância

Eu lhe garanto que a única pessoa que se incomoda com isso é você. Seu homem está curtindo o futebol, jogando um pouco de videogame ou navegando na internet, e você está reclamando da falta de vontade dele quando diz que quer a cama feita e o carpete aspirado. Ah, ele concorda em fazer o que você quer. Mas não no seu tempo. Então você vai para o quarto, arranca as cobertas, atira os travesseiros e passa o aspirador por toda parte, reclamando. "Vou mostrar a ele!" Sabe o que vai conseguir? Uma cama feita e tapetes aspirados por você mesma, e uma raiva tão grande que poderia provocar um ataque cardíaco em qualquer um. Sabe o que o homem consegue? Uma cama feita e tapetes aspirados sem que ele tivesse que se preocupar com isso. Quando você faz o que pediu que fizéssemos, não nos incomoda nem um pouco, especialmente se dissemos que iríamos fazer depois. Se quiser que seja feito na hora, faça você mesma; uma vez feito, problema resolvido.

É claro que um homem inteligente sabe que depois vai sofrer as consequências, mas para nós não é fácil entender como isso acontece. Vamos para o quarto, e você está falando com uma amiga ao telefone, rindo e brincando; então imaginamos que está tudo certo. Mas logo descobrimos que a alegria estava reservada apenas para as amigas e que, para nós, você guardou uma cara amarrada. Em geral não conseguimos entender que nunca dá certo quando você faz o que nós deveríamos ter feito e que, se você está nos pedindo para fazer algo, provavelmente é por um bom motivo. Por isso, vamos admitir: nós homens deveríamos cuidar melhor de nossas responsabilidades para que você não precisasse reclamar.

Mas, tendo em vista que não conseguimos, seria muito melhor que vocês pedissem com gentileza e explicassem por que precisam que algo seja feito *imediatamente*. Pense um pouco: quando um homem quer alguma coisa de vocês — não importa o que seja — ele se aproxima com estardalhaço? Você já ouviu um homem falar mal-humorado: "Ei, estas camisas precisam ir para a lavanderia imediatamente, ou teremos problemas!" Ou ele pede de maneira civilizada? Sabemos que essa é a melhor maneira de conseguir o que queremos; que não devemos pressioná-la. Estamos cientes de como não devemos falar com você, seja a respeito de sexo, sobre comprar algo ou para escolher o local das férias da família. Sempre fazemos nossos pedidos de maneira agradável, com uma justificativa razoável para o que estamos pedindo. Sempre batemos na porta da maneira correta e sabemos que, na maioria das vezes, vamos conseguir o que queremos simplesmente pela maneira como falamos.

Domine *essa* técnica.

Eu a uso em minha casa o tempo todo, mesmo quando não consigo as coisas do meu jeito. Por exemplo, eu disse à minha mulher diversas vezes: "Quando eu chegar em casa, esteja vestida porque quero levá-la a um lugar especial. Mal posso esperar para ficarmos algum tempo em um lugar tranquilo, só nós dois." Em todas essas ocasiões cheguei em casa e Marjorie não estava pronta. Fazia horas que eu tinha telefonado; ela tivera tempo suficiente para arrumar o cabelo, se maquiar e escolher a roupa e os sapatos. No entanto, fiquei sentado na sala, batendo o pé no chão, esperando. Eu poderia reclamar: "Como assim, precisa de mais tempo? Como é que pode ainda não estar pronta? Se não se arrumar em cinco minutos, pode esquecer, não vamos mais sair!" Mas não caio nessa. A gritaria não fará com que ela ande mais depressa; a única coisa que vou conseguir é uma discussão, e vou acabar me arrependendo de ter planejado o jantar. Se quiser que a noite corra bem, vou fazer o que for preciso para que minha mulher se apresse a fim de garantirmos nossa mesa. Primeiro, telefono para o restaurante e mudo o horário da reserva, porque o objetivo é jantar fora com minha mulher e fazê-la sorrir — e não comer na hora em que eu havia marcado. Depois, vou até o quarto e digo gentilmente: "Querida, você ainda não está pronta? Eu quero lhe fazer uma surpresa — ande logo, ok?"

Essa frase, dita em tom delicado e deixando alguma coisa subentendida é suficiente para que Marjorie ande (um pouco) mais rápido. E, ao descer as escadas, ela estará bonita, com um sorriso no rosto e dirá: "Desculpe ter demorado tanto, querido. Já estou pronta." Então sairemos e nos divertiremos.

Em vez de gritar com seu parceiro, tente uma abordagem desse tipo. Digamos, por exemplo, que você vai receber alguns amigos e precisa de ajuda para deixar a casa em ordem, mas ele está fazendo alguma coisa no computador. Não está prestando atenção aos pratos na pia, não percebeu que o lavabo tem que ser arrumado e que é preciso passar um pano no chão da cozinha; também não se importa se a mesa da sala está com poeira — até você começar a andar pela casa reclamando e dizendo que gostaria que "outras pessoas da casa pudessem ajudar a limpar essa bagunça". O fato de você chegar atirando não vai fazer com que ele comece a ajudar imediatamente.

Se quiser a ajuda dele para arrumar a casa, peça com educação: "Querido, vou receber alguns amigos e não gostaria que vissem a casa bagunçada. Será que você pode me ajudar a deixar tudo em ordem? Prometo que depois não o incomodarei mais." Ele irá topar fazer o que você pedir porque percebe a urgência e vê que você realmente precisa de ajuda e não está com raiva nem julgando sua capacidade ou questionando seus hábitos de limpeza, ou mesmo sua educação.

Você precisa usar o que tem para conseguir o que quer (falo mais sobre isso no capítulo 12). As mulheres são mestras nisso! Vocês sabem que a melhor maneira de conseguir o que querem de alguém é sendo gentis, pedindo educadamente. E também sabem que, se começarem a gritar, não vão conseguir nada. Ainda assim, chegam correndo, pedras na mão, tentando conseguir o que desejam de qualquer jeito, deixando de lado suas habilidades de negociar; e com isso perdem o controle da situação. Calma, respire fundo, vá lá e peça o que quer como se estivesse pedindo uma coisa boa — como uma bolsa nova. Garanto que os resultados serão melhores do que se falar com rispidez. Essa abordagem não irá mudá-lo, mas certamente conseguirá o melhor dele.

Marjorie é muito boa nisso. Quando decidimos morar juntos e começar uma nova jornada, fiz questão de deixar uma coisa bem clara: não faço tarefas domésticas. Não vejo problema algum em comer e deixar o prato na mesa para que alguém tire e lave, e sempre larguei roupa suja no chão. Pago para que profissionais mantenham minha casa limpa. Reconheço que muitos homens não têm condições de pagar por esse serviço, mas eu tenho. Por isso disse à minha parceira que pagaria um bando de gente para fazer essas coisas. Assim eu não teria que fazer, e ela, maníaca por limpeza, não precisaria se preocupar com louça ou roupa suja.

É claro que isso não a impede de insistir comigo. Quando termino o jantar ela diz: "Steve, você não vai levar o seu prato até a cozinha?" Quando tiro uma camisa e deixo cair no closet ela diz: "Steve, sua camisa caiu no chão." Sempre respondo que temos uma empregada para isso. Pago um bom dinheiro para fazerem essas coisas, estou dando emprego a alguém para limpar a casa. "Você quer que eu os ajude a fazer o trabalho deles? Porque eles não me ajudam com o meu. Não escrevem as piadas, nem ficam segurando o texto para que eu leia quando estou no palco. Deixe que ganhem seu dinheiro. São pagos para cuidar da limpeza."

Exceto nos fins de semana.

É aí que meu closet e a cozinha começam a ficar caóticos, porque a empregada não está lá para arrumar as coisas. Percebi rapidamente que a roupa amontoada no chão, os pratos sujos na pia da cozinha e a cama desfeita no quarto alteram o humor de Marjorie. Quando deitamos no sábado à noite, ela pula da cama e insiste: "Não aguento isso — olhe para esta cama! Não está arrumada. Tenho que esticar os lençóis, prender as pontas..."

Então, a noite de sábado não é o que deveria ser porque minha esposa está incomodada com os lençóis, pensando na pia cheia de louça suja e olhando para a pilha de cuecas, camisetas e calças empilhadas no canto. No entanto, em vez de explodir, ela simplesmente disse o que queria que eu fizesse para se sentir melhor em casa quando a empregada não está. Ela não fez escândalo, disse apenas: "Steve, eu ficaria tão feliz se você tentasse deixar as coisas mais arrumadas só até a empregada voltar na segunda..."

Estava claro que minhas prioridades precisavam estar alinhadas às dela para não termos problemas. Mas o pedido não foi acompanhado de chatice. Então resolvi fazer minha parte. Não estou dizendo que mudei. Mas minha mulher conseguiu tirar o melhor de mim — a preocupação com sua felicidade.

Por isso, em vez de deixar as roupas em qualquer lugar, faço uma pilha em um canto onde ela não veja. Ao sair da cama nos fins de semana, puxo as cobertas e arrumo os travesseiros no lugar (todos aqueles travesseiros inúteis que não sei por que estão lá). E faço as crianças colocarem toda a louça na máquina de lavar para poupar esse trabalho a ela.

Assim Marjorie fica feliz. Não tem do que reclamar. E eu não preciso ver minha linda esposa se transformar em um monstro com a voz do Darth Vader — o que também me deixa feliz. É claro que às vezes temos nossos problemas, nem sempre as coisas correm perfeitamente em casa. Essa é a natureza do ser humano. Mas a compreensão e o cuidado que temos para respeitar os limites, as necessidades e os desejos do outro tornam nossa vida juntos mais doce — e sem chatice.

10

Demonstre consideração

Um pouco de gratidão rende muito

Eu não estava esperando — fui pego de surpresa. Não estava sequer pensando em colocar um sorriso no rosto dela. Imagine, estou me especializando em fazer minha mulher feliz: não há nada de que eu goste mais, além de Deus e o Senhor Jesus, do que ver os lindos olhos de Marjorie brilhando, ver seu sorriso se abrindo de orelha a orelha. Mas naquele momento o que eu queria era um instante de paz na minha poltrona de couro — sem trabalho, sem as crianças, sem drama. Apenas eu e um bom charuto.

Então passo pela sala, indo para o meu canto, quando ouço minha mulher falando ao telefone, contando vantagem para uma de suas amigas: "Menina, eu realmente tenho muita sorte. Meu marido está sempre tentando fazer alguma coisa para me agradar. Ele não precisa, mas faz, e sou muito grata a ele por isso. Ele trabalha muito, mas é gentil e atencioso..."

O menino que existe dentro de mim comemorou: "Uau! Ela está falando de mim! Preciso fazer alguma coisa bacana *agora* para lhe gradar!" E, enquanto ela falava ao telefone, liguei para o escritório e pedi que me passassem o contato da floricultura. Liguei para lá e disse: "Quero dúzias das rosas favoritas de minha esposa aqui em casa essa tarde." E, antes de encerrar a ligação, já estava pensando no que mais poderia fazer para colocar um sorriso no rosto de Marjorie.

A verdade é que nada no mundo faz os homens endireitarem mais os ombros e erguerem ainda mais a cabeça do que uma demonstração de apreço. Nós reagimos de maneira positiva aos elogios e cumprimentos desde o momento em que temos idade suficiente para entender as palavras que nossas mães dizem: "Veja só o meu garoto, ele é tão forte!" Essa frase era suficiente para nos fazer carregar mais quatro sacolas de compras, só para mostrar que podíamos ser ainda mais fortes. "Meu garoto cuida da mamãe — não me deixa atravessar a rua se não tiver certeza de que é seguro." Isso nos fazia olhar para os dois lados quarenta vezes antes de deixar nossas mães colocarem o pezinho para fora da calçada. "Meu garoto é o homem da casa — tranca todas as portas antes de ir deitar para que ninguém entre durante a noite." Diante disso nos transformávamos em verdadeiros agentes da CIA e verificávamos todos os cantos da casa para que a família pudesse dormir tranquilamente. Não importava se éramos pequenos ou se não conseguíamos matar uma barata sem cair de bunda no chão; se nossa mãe nos elogiava por alguma coisa, queríamos ser ainda melhores do que ela dizia. Seus elogios, sua disposição para expressar em voz alta o quanto nos admirava, nos fazia sentir valorizados e nos deixava muito felizes.

A necessidade de se sentir valorizado é intrínseca ao ser humano. Não importa se você é marido ou esposa, namorado ou namorada, adulto, adolescente ou criança: todos nós buscamos um sinal de aprovação, e um simples "obrigado" quando ajudamos é suficiente, especialmente quando dito da melhor forma. Quando você demonstra essa consideração por um homem, a resposta é imediata. É tão raro alguém agradecer pelas coisas que um homem faz ao longo do dia que um simples "muito obrigada, você é muito gentil" faz com que eles se sintam como se tivessem ganhado na loteria. É difícil imaginar o chefe dando um tapinha nas costas e dizendo para cada um dos seus funcionários: "Bom trabalho!" O pagamento no fim do mês parece ser o bastante. Os amigos não costumam dizer "Você é um grande sujeito, cara!", pois os homens em geral são mais comedidos, se é que algum dia fizeram algum elogio. E adivinhe? Raramente recebemos demonstrações de gratidão das mulheres que amamos — e isso é o que mais nos magoa.

Admiro o trabalho das mulheres. Acho que ninguém consegue fazer tantas coisas ao mesmo tempo, e sei que vocês vivem muito *ocupadas*; vocês trabalham, e em muitos casos são o arrimo da família, ficam com a parte do leão na criação dos filhos e nos cuidados com a casa e também são responsáveis pela agenda familiar. Se ficassem nas mãos dos homens, as consultas médicas das crianças talvez fossem completamente esquecidas, os aniversários não seriam comemorados, os presentes não seriam comprados e talvez a família nunca saísse de férias. Sim, vocês administram a casa como uma empresa deve ser administrada. Porém, muitas vezes os maridos ou parceiros se sentem como se estivessem no final da sua lista de prioridades, e só têm algum tipo de feedback quando fazem algo errado ou deixam de realizar alguma tarefa. Depois de um tempo, eles começam a sentir que, por mais que tentem ajudar, por mais que se esforcem para participar de formas nem sempre naturais para eles, nunca será suficiente para arrancar um sorriso de suas mulheres. E, quando um homem passa o dia trabalhando como um cão ou lutando contra forças que conspiram para derrubá-lo, quer poder contar com sua família, especialmente com a mulher que ama, para levantar o astral, ouvir uma ou duas palavras gentis que o façam sentir-se importante para alguém.

Por isso, quando as mulheres demonstram reconhecimento por algo que seus parceiros fizeram corretamente, a sensação é de terem realizado uma grande façanha. É como se eles estivessem aos trancos e barrancos, sem saber como fazer feliz a pessoa mais importante de sua vida, e descobrissem por acaso que fizeram essa mulher sorrir *e* dizer "obrigada". E, quando um homem sabe que fez uma coisa certa, a repetirá só para ter novamente aquela sensação provocada pelo fato de saber que está fazendo você feliz e que você é grata por isso. Como eu já disse, um homem expressa seu amor de três maneiras: declarando o que sente por sua mulher, protegendo-a e provendo sua amada e a família que construíram juntos. Seu desejo de se declarar, proteger e prover vai ficar ainda mais forte se você fizer com que ele se sinta valorizado. Ao agradecer a seu parceiro, você valida a decisão que ele tomou de cuidar de você e o estimula a continuar demonstrando seu amor.

Foi isso que tive que mostrar a uma de minhas amigas, Gwen, quando ela reclamou do marido, Rick. Ele havia começado a cobrar reconhecimento depois de ser elogiado por outra mãe por ajudar a arrumar as filhas para a escola de manhã. A amiga de Gwen achava Rick incrível, pois o marido dela não ajudava em nada enquanto ela preparava o café, arrumava o uniforme escolar, colocava o lanche nas mochilas e levava os filhos até o ponto de ônibus. "Ele mal tira os olhos do BlackBerry para lhes dar um beijo quando estão saindo", contou a Gwen. "Rick prepara os ovos, passa as blusas e vai com eles até o ponto de manhã? Gostaria que ele ensinasse algumas coisinhas ao meu marido e a outros homens."

Gwen depois me contou que Rick bateu no peito e disse: "Está vendo? Praticamente nenhum outro pai faz o que eu faço!" Mas ela não conseguia ver nada de mais nisso. "Ele tem que ajudar com as crianças — são filhos dele também! Ninguém bate palmas para mim por preparar o jantar ou lavar a louça, ou por participar das reuniões na escola. Por que ele deveria receber elogios pelo fato de assumir um pouco de responsabilidade e participar dos cuidados com os filhos?"

Ela tem razão: pai e mãe têm responsabilidades na criação dos filhos. Mas, como lhe disse, não era justo concluir que essa é uma atitude natural — não é natural para nenhum homem preparar ovos, passar roupa e organizar o material escolar de manhã como uma mãe faria. Talvez tudo isso esteja no seu manual de "Como ser a melhor mãe do mundo", mas garanto que não consta do "Manual do homem adulto" que eles devem levantar de manhã para fazer o café e arrumar as crianças para a escola. Cozinhar, trocar fraldas e dar banho não é algo que nossos pais nos ensinam, e certamente não aprendemos com nossas mães, que cuidam dos meninos e ensinam às meninas o que fazer. O que está impresso em nosso DNA é que devemos trabalhar muito para ganhar dinheiro e colocar comida na mesa, vestir nossos filhos e garantir um teto para nossa família. Internalizamos desde cedo que os cuidados do dia a dia com as crianças é tarefa das mulheres e, se fazemos alguma outra coisa além de colocar dinheiro na conta e realizar tarefas masculinas, como consertar o carro e aparar a grama, estamos indo muito além do que se espera de nós. E acredite: os homens ficam muito mais motivados a ir além do que se espera deles quando se sentem estimulados ao realizarem tarefas que não lhes parecem naturais. Já posso sentir a indignação provocada pela leitura destas páginas. Imagino que você esteja se perguntando por que uma mulher deve aplaudir um homem todas as vezes que ele faz algo certo. Como artista, posso lhe garantir que não existe nada mais gratificante do que aplausos. Não importa onde eu entre — se em uma casa de espetáculos onde estou prestes a me apresentar, um jantar beneficente onde vou fazer um discurso de apresentação ou uma igreja onde vou assistir à missa de domingo com minha família —, sempre há alguém me aplaudindo, e dou valor a isso porque significa que alguém se importa com o que digo, com as piadas que conto. O reconhecimento valida minhas apresentações e me estimula a tentar fazer sempre o melhor para ser ainda mais aplaudido. Se, em vez de aplaudir, as pessoas se levantassem e fossem embora, eu saberia que não estou fazendo direito.

Não seria ótimo se você também pudesse sentir isso? E se fosse para o trabalho, e, assim que atravessasse a porta, uma voz anunciasse sua chegada no alto-falante e todo mundo ficasse em pé e batesse palmas para você? Você não colocaria uma bela roupa para ir trabalhar? Não cuidaria mais do cabelo? Não usaria um batom? Admita: você se sentiria o máximo.

Da mesma maneira, seu parceiro se sentiria bem melhor se de vez em quando você o aplaudisse e reconhecesse seu valor.

Entendo que isso deve ser uma via de mão dupla. Como as mulheres, os homens tendem a subestimar o valor do reconhecimento. Fazemos de tudo para conquistar vocês (telefonando e mandando mensagens a cada duas horas, enviando flores, preparando encontros românticos), nos acomodamos depois da conquista (dando "olá" em vez de realmente conversar pelo telefone, comprando flores apenas nas ocasiões especiais e só viajando de vez em quando), e depois agimos como se a relação estivesse baseada apenas na conveniência (parando de telefonar, esquecendo de dar presentes ou de planejar viagens, contando com tudo aquilo que se tem em um relacionamento sério, ou seja, comida quente, roupas limpas e crianças bem-cuidadas). E quando chegamos ao estágio da "conveniência", já não damos mais valor ou expressamos nosso apreço por tudo o que nossa mulher faz por nós, por nossas casas e por nossas famílias.

Em outras palavras, homens e mulheres são especialistas em tratar tudo como algo corriqueiro. Tratamos os esforços que fazemos no dia a dia como algo comum — tão imperceptível como as batidas do coração. Mas, assim como agradecemos a Deus por levantar a cada manhã com o sangue pulsando em nossas veias, poderíamos olhar para nossos parceiros e dizer: "Obrigado por tudo."

É verdade que algumas mulheres não têm dificuldade em cobrar esse tipo de reconhecimento do parceiro. Quantas vezes você já disse que seria bom se alguém lhe agradecesse por preparar o jantar noite após noite depois de trabalhar o dia inteiro? Ou que seria bom ter um jantar romântico depois de lavar, secar e dobrar tanta roupa a semana toda porque, se não fizesse isso, todos na família teriam que ir para a escola e para o trabalho pelados? Até arrisco dizer que você já deve ter murmurado um "quem dera" na última vez que seu parceiro convidou alguém para vir em casa e disse, diante da mãe, do pai, das irmãs, dos irmãos e do cachorro da família, que seria eternamente grato por ter se casado com uma mulher tão incrível. Na sua cabeça, os homens *deveriam* mostrar seu apreço — cobrir as mulheres com presentes, e elogiar suas qualidades.

Ainda assim, ninguém parece esperar que as mulheres retribuam, embora nós também façamos contribuições absolutamente essenciais para nossa vida conjunta — segurança, dinheiro, força e até uma troca de fralda de vez em quando, ou o preparo de uma refeição. Pense nisto: seu parceiro pode ir para o trabalho todos os dias, levar as crianças para as aulas de esporte, colocá-las para dormir às quartas-feiras para que você possa sair, pegar alguma encomenda sempre que você precisar, trazer dinheiro para casa, cortar a grama e fazer o churrasco no sábado, levar você à missa aos domingos e não receber em troca um pingo de agradecimento. No entanto, o adolescente que empacota suas compras no supermercado e se oferece para levá-las até o carro merece agradecimentos dignos de um prêmio — talvez até uma gorjeta se não quebrar os ovos. Como isso é possível? Se um desconhecido faz um gesto gentil e você agradece, o homem que trabalha e tenta fazer coisas boas para você e a família não merece o mesmo? Diga-lhe o quanto aprecia suas atitudes.

O pai de seus filhos pode não os colocar na cama à noite, mas pode ter ficado com eles no quintal ensinando-os a jogar bola. E essa meia hora em que ele ficou brincando com as crianças pode ter proporcionado um tempinho livre para você mesma. Seu marido pode não levantar de manhã e despachar as crianças para a escola, mas aposto que ele trabalha bastante para pagar a mensalidade e ter um dinheiro extra para os uniformes de futebol e de balé. Agradeça a ele por isso. Garanto que ficará grato por você ter reparado em seu esforço, e continuará a fazer isso só para ter novamente a sensação de que alguém aprecia o que ele faz. Diga a ele: "Sabe, querido, sempre quis que meus filhos estudassem nessa escola — obrigada por tornar isso possível." Ou: "Nosso filho queria tanto jogar nesse time — obrigada por isso." Garanto que ele vai estufar o peito; terá certeza de que está fazendo as coisas certas, que está demonstrando seu amor por você e pela família. Paga a escola, cuida do futuro do seu filho ao possibilitar que ele tenha uma boa educação para que se dê bem na carreira que escolher. Ele não merece um simples obrigado?

Isso não vai acontecer naturalmente. É muito mais fácil continuar com a cabeça baixa, fazendo o que deve ser feito. Mas, para que sua relação sobreviva, você terá que esperar que seu parceiro demonstre apreço e exigir isso dele, e é claro que ajudaria se você demonstrasse também. No fim das contas, você conseguirá alguma coisa em troca.

Minha mulher transformou isso em ciência. Certa vez, estava planejando fazer uma viagem de fim de semana. Preparei tudo: iria para um lindo resort na Geórgia no sábado; faria uma aula de golfe e passaria a noite descansando e apreciando alguns charutos. No domingo, tomaria um belo café da manhã e descansaria mais uma vez; depois jogaria mais uma partida de golfe para então voltar para casa no final da tarde e ter uma boa noite de sono antes de mergulhar novamente na pesada rotina de trabalho. Isso seria um raro descanso de dois dias — sem programa de rádio, reuniões profissionais ou apresentações, sem participações em programas de TV ou em algum evento social, sem entrevistas ou sessões de fotos. Apenas eu, meus tacos de golfe e o silêncio. Sabe o quanto eu estava animado com isso? Você não conseguiria nem imaginar.

Quando eu estava acertando os últimos detalhes, Marjorie entrou no escritório, sentou na cadeira à minha frente e disse:

— Sabe de uma coisa, Steve? Adoro sua espontaneidade!

— É mesmo? Por que você acha que sou espontâneo? — perguntei, sorrindo.

— Você não é nenhum louco, é apenas uma pessoa engraçada que gosta de apreciar a vida. Você dá a entender que é caseiro e que não gosta de sair de casa, mas adoro o fato de você sair, ir jogar golfe e fazer as coisas que adora — disse ela docemente. — Adoro isso em você e fico feliz que seja assim, pois inspira o resto da família a curtir a vida. Essa é uma grande qualidade em um parceiro.

Antes de ela terminar a última frase eu já a tinha convidado para ir comigo. Como poderia resistir? Ali estava aquela linda mulher me cumprimentando por uma característica que nem eu percebia e me agradecendo por servir de exemplo.

— Sério? Você quer que eu vá junto? — perguntou, ainda em estado de choque com o convite.

— Sim! — falei, entusiasmado. E antes que tivesse tempo de pensar, completei: — E vamos levar as crianças!

Mesmo tendo feito o convite, eu pensava: "Seu idiota, você não terá tempo para descansar! As crianças vão te enlouquecer. A água, os jet skis... eles vão querer alugar um barco, você terá que fazer tudo com elas; pode dizer adeus aos charutos, às sonecas e ao golfe. Qual é o seu problema?"

E de repente o fim de semana de descanso se transformou em uma pequena viagem em família — fomos todos para o lago só porque minha mulher tinha feito um comentário elogioso que derreteu meu coração. Ela não estava tentando estragar a viagem; estava realmente feliz com minha disposição para ir sozinho. Mas levar as crianças e ela comigo me pareceu a coisa certa porque aquela mulher demonstrou apreço por uma característica que eu nem sabia que tenho.

Apesar de saber que eu certamente teria gostado de passar aquele tempo sozinho, tive momentos incríveis com minha família. Alugamos um chalé, aproveitamos para colocar o papo em dia, nos reunimos em torno da lareira, rimos e nos divertimos (assando e comendo marshmallows suficientes para um batalhão) até tarde da noite. Marjorie foi fazer uma massagem enquanto eu brincava com as crianças, e depois ficou com elas enquanto eu jogava golfe.

Quando voltei para o chalé, Marjorie e as crianças tinham preparado uma surpresa da qual jamais me esquecerei: na calçada, bem em frente à entrada, havia um desenho de giz de cera feito pela minha família especialmente para mim. Em grandes letras coloridas e gorduchas estava escrito "Bem-vindo papai", sem vírgula e com o "e" invertido. Meus filhos escreveram seus nomes e o que queriam ser quando crescessem. Também havia uma grande árvore genealógica com os nomes de meus pais, irmãos, cunhados e sobrinhos. Em seguida dois grandes cartazes diziam: "OBRIGADO PELA VIAGEM" e "PARA O PAPAI, O ASTRO DO SHOW BUSINESS QUE MAIS DÁ DURO", com um desenho de um microfone e um retrato — muito estranho — meu.

No deque, Marjorie já acendera a churrasqueira e as crianças me esperavam, acenando, rindo e gritando meu nome.

Sorrindo de orelha a orelha, não pude encontrar palavras para expressar como aquilo surtiu efeito em mim. Aquela demonstração coletiva de gratidão por parte da minha família não custara nada nem tomara muito tempo — apenas o dinheiro do giz de cera e pouco mais de vinte minutos para os desenhos. Mas as palavras de reconhecimento, expostas na calçada para todo mundo ver, valeram muito para mim. E o sorriso deles? Não tem preço. Isso provou que tudo o que eu estava fazendo pela minha família, além de ser necessário, valia a pena. Coisas desse tipo me fazem querer trabalhar ainda mais por eles, para ter certeza de que terão tudo de que precisam e também muito do que querem.

Ao ver aquilo, o carregador de tacos que me acompanhava, um jovem de quase trinta anos, entregou-me o equipamento de golfe e disse simplesmente:

— O senhor é um homem de sorte. Isso deve ser o máximo. Espero ter uma família assim algum dia.

— Sim — concordei, balançando a cabeça maravilhado. — Todo homem deveria ter uma família assim.

Oito maneiras simples de mostrar consideração — e conseguir algo em troca

1. Se o seu parceiro está fazendo um churrasco para você ou para sua família, elogie. Da próxima vez que comprar carne, peça a ele que a prepare na grelha, pois sua habilidade no fogão não se compara à dele na churrasqueira.

   O QUE VOCÊ GANHA COM ISSO: Um homem sempre disposto a fazer um churrasco e feliz por saber que sua habilidade é reconhecida.

2. Se o seu parceiro corta a grama todas as semanas e poda as plantas para deixar o quintal mais bonito, agradeça dando-lhe uma bela muda.

   O QUE VOCÊ GANHA COM ISSO: Um jardim ainda mais bonito. Além disso, sempre que chegarem em casa vocês vão se lembrar da relação forte e carinhosa que têm. Quando a muda der flores, colha-as e coloque em um vaso na sala.

3. Se o seu parceiro conserta a torneira ou troca o chuveiro, demonstre gratidão preparando-lhe um banho quente à noite.

   O QUE VOCÊ GANHA COM ISSO: Um pouco de tranquilidade enquanto ele aproveita o banho, ou, melhor ainda, um banho a dois.

4. Se ele ajuda as crianças a vestir o pijama e lê uma história para elas antes de dormir, diga-lhe que fica muito excitada vendo-o bancar o superpai.

O QUE VOCÊ GANHA COM ISSO: Acredite, se ele achar que isso renderá bons momentos com você, vai querer colocar as crianças na cama sempre que possível e, digamos, encorajá-las a não sair de lá.

5. Se o seu parceiro fizer reservas e preparar tudo para vocês se divertirem juntos e passarem momentos agradáveis, diga-lhe o quanto apreciou a iniciativa.

O QUE VOCÊ GANHA COM ISSO: Você irá despertar atitudes espontâneas e inspirá-lo a planejar outras noites só para vocês dois.

6. Se o seu parceiro consertar o seu carro ou levá-lo ao mecânico para resolver qualquer problema, se apenas levá-lo ao lava a jato ou encher o tanque, agradeça-lhe por cuidar tão bem do seu meio de transporte.

O QUE VOCÊ GANHA COM ISSO: Um bom carro para trabalhar e um serviço de mecânica, funilaria e pintura personalizado para o resto da vida.

7. Se o seu parceiro lava a roupa, mas deixa o resto (dobrar, passar) para outra pessoa (você), agradeça por ajudar a esvaziar o cesto de roupa suja e peça ajuda para dobrar a roupa seca — juntos.

O QUE VOCÊ GANHA COM ISSO: Não apenas a ajuda para dobrar, mas momentos agradáveis com o homem que você ama enquanto dobram e arrumam a roupa limpa.

8. Se ele vai até o mercado comprar leite, ovos e outras coisas que estejam faltando, agradeça por ele perceber que vocês estavam ficando sem alguns itens básicos.

O QUE VOCÊ GANHA COM ISSO: Um homem mais disposto a ir ao mercado por perceber a necessidade e não apenas porque você implorou.

11

Dinheiro e bom senso

Como lidar com problemas financeiros e homens

É como meu pai costumava dizer: o melhor que você pode fazer pelos pobres é não ser um deles. Afinal, se uma pessoa necessitada lhe pede ajuda, não há nada que você possa fazer se também estiver com problemas. Isso faz todo o sentido do mundo para a maioria dos homens porque, não importa o quanto amamos nossas parceiras ou nossa família, temos muita clareza de que não podemos viver de amor. Amor não paga as contas e não pode ser usado no supermercado. Em resumo: precisamos de um mínimo de dinheiro para dar a quem amamos. E um homem de verdade moverá céus e terras para consegui-lo, para que as pessoas que ama tenham tudo de que precisam.

A capacidade de fazer isso está na essência da masculinidade. Desde o instante em que o obstetra dá um tapa no bumbum do bebê e diz "É menino", pressupõe-se que entendemos e respeitamos o fato de que uma das maiores responsabilidades que teremos como homens é definir quem somos, o que fazemos e quanto ganhamos, e usar isso para cuidar das pessoas que amamos, para garantir que, mesmo após nosso último suspiro, não lhes falte nada. Como escrevi em *Comporte-se como uma dama, pense como um homem*, assumir o papel de provedor é também uma das formas que temos de demonstrar amor por nossa parceira e pela família que construímos juntos. É absolutamente fundamental para um homem mostrar seu amor dessa maneira.

Imagine os problemas que podem surgir se ele não conseguir ganhar dinheiro. Digamos que vocês se casaram e a fase de lua de mel passou. Agora estão vivendo juntos, e de repente vai se tornando mais difícil pagar as contas — algumas faturas do cartão de crédito atrasadas, o dinheiro reservado para o aluguel teve que ser usado para consertar o carro e sobrou pouco para colocar gasolina. Junte a isso os filhos e veja a conta no banco ficando no vermelho. Esse cenário já é bastante complicado enquanto vocês estão solteiros, cada um enfrentando os próprios problemas, mas a frustração, o constrangimento e o estresse só aumentam quando você tem que enfrentar as complicações financeiras diante de e junto com outra pessoa, também afetada por elas. Não quero minimizar o sentimento das mulheres em uma situação dessas, mas posso lhes dizer que isso pode causar estragos no ego de um homem.

Esse homem que jurou amá-la acima de tudo não pode mostrar seu amor da melhor maneira que sabe, garantindo que suas necessidades mais básicas sejam atendidas, assim como o que vocês dois sonharam em construir juntos — uma bela casa em uma vizinhança agradável, uma boa escola para as crianças, um carro bacana e confortável, férias de vez em quando. Multiplique isso por mil caso ele perca o emprego. O homem que não trabalha não apenas sofre por não ter condições de sustentá-la, mas também com a sensação de que não poderá protegê-la: se não puder pagar o carro, você terá que andar de ônibus; se não tiver condições de pagar o aluguel, terá que se mudar com a família para uma região menos segura, onde as escolas não terão o mesmo padrão que você imaginava para as crianças. Todas essas coisas fazem com que o homem sinta que não a está amando como merece. Pense que, se ele perder o emprego, dois dos pilares da masculinidade estarão abalados — o que faz e quanto ganha. E isso representa um grande golpe para sua identidade e dignidade.

Você sabe o que acontece depois: durante os tempos difíceis há mais brigas por causa das despesas. Com as dificuldades financeiras, ele sofre mental e emocionalmente, fica tenso e muito mais ansioso, perde o bom humor. Fica menos romântico e nem sequer consegue pensar em sexo, pois sua cabeça está inteiramente focada em tentar encontrar uma saída. A maioria dos homens quer fazer o que se espera e se exige dele, quando não consegue, é como se estivesse num beco sem saída. Sou o primeiro a admitir que até hoje me fecho quando percebo que minha família está passando por algum aperto e, até conseguir resolvê-lo, não me abro. Nesses períodos, fico mais taciturno, menos romântico, pouco atencioso. Fico no canto com aquele olhar que diz: "Estou com um problema na cabeça e não vou conseguir falar ou agir normalmente enquanto não encontrar uma solução."

É muito bom quando nossas parceiras tentam nos consolar dizendo: "Eu te amo de qualquer jeito e vamos superar tudo isso." Agradecemos pelo apoio e por dizer que ficará ao nosso lado até o fim. Na verdade, precisamos disso. Mas essa atitude não muda as coisas e não afeta de maneira alguma nossa disposição mental. A pressão sobre nós, homens, é enorme; e, por mais que você diga que compreende e que está ao nosso lado, não conseguirá entender a pressão para sermos produtivos, especialmente em um mundo masculino. Veja o que acontece quando enfrentamos dificuldades financeiras e encontramos um velho amigo; você entenderá o que se passa pela nossa cabeça a mil quilômetros por hora: *Ele sabia que eu era o presidente daquela empresa que afundou ou que eu trabalhava naquela fábrica que fechou alguns meses atrás e agora me pergunta o que estou fazendo. Tenho que dizer "nada". E quando ele me pergunta sobre você eu digo "Tudo bem", quando sabe que você deve estar preocupada porque as coisas estão difíceis agora.*

As palavras de apoio de uma mulher, por mais sinceras que sejam, não conseguem afastar as sensações deixadas por um encontro desse tipo. Por isso nos fechamos.

Mas existem algumas formas de ajudar e incentivar enquanto nos recuperamos e tentamos descobrir o que fazer:

1. Organize seu dinheiro e dê a ele um pouco de controle

Um consultor financeiro me deu esse conselho alguns anos atrás: para organizar seu dinheiro de verdade e fazer com que todos na casa sintam que estão contribuindo e usufruindo dos seus salários, os casais deveriam ter pelo menos quatro contas bancárias. Uma para as despesas da casa, em que depositarão seu salário e usarão o dinheiro para pagar as contas — a prestação do carro, a conta de luz, a fatura do cartão de crédito, a mensalidade da escola etc. A segunda conta deve ser uma poupança que exija a assinatura dos dois para qualquer movimentação. Seria um fundo de emergência para períodos difíceis ou grandes despesas. Não importa se você vai transferir dez por cento, vinte por cento ou apenas uma pequena quantia por mês: o importante é que vocês a usem para economizar para emergências. As duas outras contas devem ser individuais — uma para ele e outra para você — e devem receber o valor suficiente para os gastos pessoais.

Com essas quatro contas vocês podem juntar os recursos dos dois e trabalhar como casal para ter as finanças em ordem, e ainda assim preservar sua individualidade. Em algumas famílias, a prestação do carro pode ser responsabilidade dela, enquanto o aluguel e a mensalidade da escola ficam por conta dele. Tudo é dividido, até as despesas com as crianças. Assim vocês dois estão ligados no *front* financeiro. Nos bons momentos, significa que ambos estão contribuindo para manter suas vidas. Nos maus momentos, é a maneira perfeita de ajudar seu parceiro a sentir que tem o controle das finanças, mesmo que não esteja colaborando com muito. Se ele estiver pagando as contas, os cheques tiverem seu sobrenome e ele puder decidir (ou pelo menos acreditar nisso) que pagamentos são prioritários, e a atendente o tratar com respeito, então ele não precisará se sentir como se estivesse levando um tapa na cara sempre que alguém liga para fazer uma cobrança ou quando aparece um aviso de pagamento na caixa do correio.

O apoio capaz de mantê-lo focado é aquela conversa em que você diz que, independentemente de quem está colocando dinheiro na conta, você precisa dele para administrá-lo e para manter os pagamentos em dia. Isso o ajuda a manter pelo menos alguma dignidade financeira enquanto procura se recuperar. As mulheres que acham que isso é transferir demais o controle devem saber que ainda compartilham a responsabilidade: os dois precisam conversar sobre as finanças, ninguém pode mexer na poupança sem o outro, e ambos ainda têm as contas separadas lhes dando a autonomia de que necessitam sem precisar consultar o parceiro. Se ele quiser comprar um maço de cigarros, pode usar o próprio dinheiro para isso, sem precisar dar explicações. Se você quiser fazer as unhas ou comprar um par de sapatos e tiver dinheiro na sua conta individual, ele não poderá falar nada. Está vendo? Todo mundo tem um pouco de controle.

Agora, se ele gasta dinheiro com futilidades, não cuida direito das economias e não parece remotamente interessado em se desenvolver na carreira, você tem um problema — e não tenho um livro que possa ajudá-la com esse sujeito. Acredite, um homem que não cuida dos interesses da família está indo contra o que acredito ser o instinto natural masculino, e, se você estiver ligada a alguém assim, tem todo o direito de afastar-se dele. Ou continuar — e nesse caso eu lhe desejo boa sorte.

O mais importante, no entanto, quando você decidir ficar com alguém, é colocar esse mecanismo em prática desde o início. Você precisa ter uma conversa sobre como os dois tratarão das questões financeiras e do pagamento das contas antes de aprofundar o relacionamento; tem que colocar em prática a administração conjunta tanto nas épocas boas quanto nas ruins, para que funcione mesmo que — e *principalmente* se — as coisas fiquem muito ruins.

2. Lembre os motivos por que vocês se apaixonaram

Dizer ao parceiro que o ama quando as coisas não vão bem, apesar de ser algo bom, pode parecer vazio se ele não anda com sorte em termos financeiros. No entanto, demonstrar que o ama é completamente diferente. Meus pais não tinham muito dinheiro, mas conseguiram. E lhe digo uma coisa: você também pode. Toda a história de vocês, todo o tempo que ficaram juntos, merece ser preservado. Mostre isso a ele lembrando-o dos motivos que o levaram a se apaixonar por você — concentrando-se nas pequenas coisas. Prepare seu prato favorito, segure a mão dele, deixe bilhetinhos carinhosos. Faça coisas em família que não custam muito dinheiro: alugue um DVD, faça pipoca, assistam a um filme à noite; estenda um lençol na sala e façam um piquenique em casa; depois do jantar, dê um passeio com a família pela vizinhança; ande no balanço do playground; vá de carro até o aeroporto e fique vendo os aviões decolando e pousando; aprenda a jogar videogame e desafie-o para um duelo. Nessas ocasiões, aproveitem ao máximo a companhia um do outro. Vocês não precisam conversar sobre os problemas ou coisas negativas. Aproveitem para estreitar os laços; mesmo que o tempo seja curto, faça valer a pena. Encoraje-o a procurar seu apoio, mesmo nos dias em que ele preferir ficar quieto em um canto. Para construir uma relação amorosa é preciso dedicação, mas para manter o amor e o romance vivos nos períodos mais difíceis é preciso uma dedicação *ainda maior*. Sua relação vale a pena.

3. Não o julgue

Você precisa lembrar que, se o dinheiro está apertado, qualquer coisa que o faça lembrar esse assunto pode ser ruim. Por exemplo: você chega em casa depois de um dia cheio no trabalho e encontra uma série de contas na caixa do correio; antes de entrar em casa, o telefone toca. É a empresa de TV a cabo avisando que cortarão o serviço se a conta não for paga. Seu parceiro sabe que o pagamento está atrasado, mas você desliga o telefone e resmunga: "A conta da TV a cabo está atrasada."

Na cabeça dele, é como se você dissesse: "Eles vão cortar o sinal da TV e não poderei assistir a meus programas para relaxar um pouco depois do trabalho. Enquanto você fica aí sentado, eles vão tirar a única coisa que me faz relaxar. Você é o culpado disso. O que pretende fazer para nos tirar dessa situação?"

Não importa se não era essa a sua intenção. O que importa é o tom de voz, a postura, mesmo que você não perceba. Ele já está decepcionado consigo mesmo e apenas esperando você demonstrar o mesmo, mostrar que ele está falhando como marido, como pai e como homem porque não consegue sustentar e proteger sua família.

Vocês sabem que as contas estão atrasadas. Não é preciso trazer o assunto à tona a menos que tenha algo concreto a sugerir para tirar vocês do sufoco. Caso contrário, suas palavras podem levá-lo à casa de penhores ou a um agiota. Ou seja, ele pode fazer algo de que se arrependerá depois. O que estou dizendo é: pegue leve.

4. Forme um círculo de duas pessoas

O que acontece com a conta bancária — seja bom ou ruim — só diz respeito a vocês. Tudo o que se refere à situação financeira deve ficar entre vocês dois. Não divida com ninguém. Se disser a uma amiga que você se candidatou a uma promoção no trabalho para ganhar mais porque seu parceiro está desempregado e "alguém precisa fazer alguma coisa", em pouco tempo o mundo inteiro — família, conhecidos, amigos e inimigos — estará pronto para usar essa informação contra você. Basta pensar no que acontece quando alguém ganha na loteria: assim que o ganhador aparece, todo mundo estende a mão. E é só alguém perder tudo o que tem — gastando com bobagens, fazendo péssimos investimentos, deixando que alguém se aproveite e tire todo o seu dinheiro —, e a primeira coisa que as pessoas fazem é chamá-lo de idiota. Em outras palavras, as pessoas ficam com inveja e usam as informações para se sentir bem e fazer com que você fique mal. É sempre assim. Guarde suas informações só para vocês e ninguém poderá falar nada, criticar ou fazer com que seu parceiro piore ainda mais.

Também não faça comparações com outros casais. As pessoas se especializam em polir as aparências: dirigem o carro maior ou vivem na casa mais moderna, mas é bem provável que também haja alguma coisa errada com elas. A prestação do carro pode estar dois meses atrasada, ou podem estar tentando renegociar o financiamento da casa. Eles se viram, apertam o cinto e fazem você se sentir inferior por não ter o que eles têm, mas os problemas deles podem ser piores do que os seus. Qualquer que seja a situação financeira deles, mantenha distância e cuide da sua.

Esse é o conselho que dei para um ouvinte que perguntou o que deveria fazer com familiares e amigos que começaram a pedir dinheiro emprestado depois que ele e sua esposa montaram uma barbearia e o empreendimento prosperou. Ele cometeu o erro de contar a algumas pessoas, em uma reunião familiar, que deixar o emprego e abrir seu próprio negócio tinha sido a melhor decisão de sua vida, pois estava ganhando o triplo do que ganhava antes. Bem, quando as pessoas começaram a passar essa história adiante e a ver o negócio prosperando, se puseram a pedir ajuda. "Estou ganhando bem, mas não o suficiente para cuidar de todo mundo. Consigo me sustentar, mas as pessoas não entendem que não é fácil manter o negócio funcionando", escreveu ele. "O que posso fazer para que tirem as mãos dos meus bolsos?"

Disse a ele que deveria começar guardando para si qualquer informação sobre sua situação financeira, que parasse de falar do seu sucesso nas reuniões de família. Ninguém além da esposa precisa saber quanto ele ganha, o que eles fazem com o dinheiro, onde o guardam e quanto gastam. E isso vale para todos os casais.

Se o seu marido é o arrimo da família...

É claro que existem famílias em que a situação financeira está bem, e seu parceiro ganha o suficiente enquanto você se encarrega da importante tarefa de manter a casa funcionando. Mesmo que você não seja responsável pelo sustento da casa, tem poder no relacionamento. A maioria dos homens que conheço reconhece o mérito de suas esposas por cuidar do forte. Sei que preciso da minha mulher e sempre que me apresento faço questão de agradecer a ela. Uma mulher que fica em casa deve ser respeitada porque cuida das coisas que facilitam a vida de um homem — eu a chamo de executiva doméstica. Marjorie é quem cuida da nossa casa. As pessoas me parabenizam porque me casei com uma mulher que tinha três filhos e os recebi como minha família, mas o que ela fez não foi menos importante. Ela aceitou os filhos dos meus casamentos anteriores como se os tivesse colocado no mundo. Abriu nossa casa para meus filhos e os ama, cuida deles e os castiga quando deve. Ela me ajuda a criá-los, e quando viajo a trabalho sei que meus filhos estão sendo bem-cuidados. Isso é muito importante. Além disso, eu não tenho a mínima ideia de onde está a conta de luz, quanto custa a TV a cabo, quanto é a fatura de telefone, como as compras são feitas e a comida é preparada e colocada na mesa. Entende a paz que isso representa para um homem? O que minha mulher faz por mim e por minha família não tem preço. E seria extremamente injusto da minha parte se eu agisse como se a sua contribuição para nossa estabilidade financeira fosse menos importante do que a minha porque ela não traz dinheiro para casa.

Estamos no século XXI, e até as mulheres que não trabalham fora têm força na relação. Um homem não pode calcular o valor que tem voltar noite após noite para a paz de seu lar, um lugar limpo e cheio de comida, um lugar iluminado, com as contas pagas, em que as crianças estão indo para a escola e vivendo bem. Isso não tem preço e nos permite agir como homens e cuidar da nossa família.

No entanto, se o seu parceiro não tem consideração e não reconhece o valor que você agrega à relação, tenho algo a lhe dizer: você pode fazer com que ele reconheça. Foi o que aconteceu com um amigo quando ele cometeu o erro de tratar a mulher como se nada fosse. Todos os dias ele atravessava o portão que dava para um quintal e uma casa em ordem. Não havia nada fora do lugar: a cozinha estava sempre limpa, as camas sempre arrumadas, as crianças sempre alimentadas, vestidas e asseadas. Mas ele nunca disse "Obrigado pelo que você faz"; agia como se a esposa não fizesse nada de mais.

Um dia, ele chegou em casa e ficou conversando com um de seus amigos ao telefone. A esposa ouviu uma parte da conversa: "Ela é ótima... em aproveitar a vida. Não faz nada; está de pernas para o ar, vendo televisão. Não faz nada o dia inteiro. Estou lhe dizendo, ela tem a vida que pediu a Deus."

Para que ele foi dizer *aquilo*? No dia seguinte ele chegou em casa e, ao passar pelo portão, viu que o quintal estava uma bagunça; havia brinquedos espalhados por toda a parte, bicicletas jogadas na grama e, nos degraus, copos sujos. Na cozinha, a pia estava cheia de louça; na sala, havia lápis de cor espalhados pelos móveis e pelo tapete. As crianças corriam como loucas, e não havia jantar na mesa. A primeira coisa que ele disse foi:

— O que você fez o dia inteiro?

— Não fiz nada, como você disse ao seu amigo — respondeu ela e virou-se para a televisão.

As coisas continuaram assim por duas semanas; ele voltava do trabalho e encontrava a casa toda bagunçada, as crianças correndo por todos os lados e nada de jantar. Não demorou muito para que ele finalmente percebesse o que sua esposa fazia durante o dia e começasse a dar mais valor ao trabalho dela. Ela fazia com que parecesse fácil e tranquilo, mas na verdade era tão estressante, difícil e importante quanto o trabalho dele — embora diferente. E, quando eles finalmente sentaram para conversar, ela deixou bem claro o seu valor:

— O que faço pode não pagar as contas, mas garante a sua tranquilidade, sua comida, uma casa limpa, crianças bem-comportadas e um lugar para você tomar um café e ler o jornal sem ser interrompido. Se não quiser isso, posso parar de fazer meu trabalho. Eu não me importo se as crianças destruírem a casa.

Com isso quero dizer que às vezes você precisa chamar a atenção de um homem para que ele reconheça seu valor. O que a mulher do meu amigo fez talvez seja um exagero, mas existem outras maneiras de mostrar a ele sua importância na relação. Uma das mais fáceis é fazer uma lista de tarefas e ir marcando tudo o que você fez durante o dia; depois deixe essa lista onde ele possa ver — na mesa da cozinha, no banheiro, na mesinha de cabeceira, perto do controle remoto da TV. É uma forma sutil de lembrá-lo que deve respeitar seu papel.

Se isso não for suficiente, converse. Pergunte se ele viu a lista e se acha que você está fazendo um bom trabalho. Se não for bobo, ele vai acordar e reconhecer que o que você faz não tem preço. Então diga: "Sabe de uma coisa? Também quero agradecer pelo que você faz por esta família. Formamos uma equipe fantástica, não é?" Garanto que ele também agradecerá pelo que você faz.

Às vezes você só precisa chamar a atenção do homem. Não fazemos por mal, eu garanto.

Sei que muitas de vocês estão lendo este livro com um dedo enfiado na garganta, querendo vomitar diante do que digo quanto a deixar um homem mais confortável durante uma situação financeira complicada. Mas sinto a necessidade de lembrá-las: vocês têm habilidades que não possuímos, e só se as colocarem em prática irão tirar vantagem das relações com os homens. Use sua capacidade de acolher e de se comunicar — se você pode usar essa habilidade para conseguir o que precisa e o que deseja dos outros, não há razão para não usá-la com a pessoa que ama. Com bom planejamento e um pouco de sorte, ele conseguirá se reerguer e escapar do incêndio com o ego intacto e agradecido por você ter ficado ao lado dele e ajudado a enfrentar a tempestade. Vocês ficarão ainda mais fortes depois de tudo.

12

A ARTE DA NEGOCIAÇÃO

Como conseguir o que deseja de um homem

Meus pais foram casados por 62 anos. Há uma explicação muito simples para isso.

Meu pai, Slick Harvey, reconhecia que não era ele quem mandava e agia como tal. Isso mantinha o sorriso no rosto da minha mãe e deixava meu pai razoavelmente feliz e o casamento intacto. Ele sabia que para fazer o que quisesse, tinha que dar espaço à minha mãe para que ela fizesse o que quisesse, para que dissesse o que pensava, para que fosse aonde bem entendesse e para que fosse o que tivesse vontade de ser. Fazia isso praticando, sutilmente e com maestria, a arte da negociação.

Uma vez minha mãe anunciou que queria fazer compras no shopping, que tinha acabado de ser inaugurado na cidade. Ela lera algo a respeito do mercado que funcionaria lá e decidiu que queria comprar uma caixa de ovos vendida por eles a 39 centavos a dúzia. Não precisou falar duas vezes e meu pai já estava calçando os sapatos, vestindo o paletó, colocando o chapéu e pegando as chaves do carro. Ele era seu fiel motorista, levando-a à igreja nas segundas, terças, sextas e domingos, e também ao cabeleireiro e ao centro da cidade para comprar um vestido ou roupas para os filhos. E agora minha mãe queria acrescentar o shopping à sua lista.

O que eu e meu irmão, na época com oito e 19 anos, respectivamente, não entendíamos, era por que meu pai não fazia a pergunta que nos parecia óbvia: por que atravessar a cidade de carro para comprar uma dúzia de ovos por 39 centavos quando a mercearia da esquina vendia a mesma caixa por apenas vinte centavos a mais? Para nós não fazia sentido, e meu irmão fez a besteira de expressar sua opinião.

— Quero ir até o shopping porque eles têm os ovos que eu quero — respondeu minha mãe.

— Mas são 15 minutos de carro, e você pode comprar ovos por um preço razoável na mercearia da esquina — argumentou ele, e eu estava atrás, balançando a cabeça em sinal de concordância.

— Não quero os ovos que estão vendendo aqui perto. Quero os ovos do shopping — insistiu ela, colocando o casaco e caminhando em direção à porta. Estava pronta para sair e sem disposição para conversar.

Inconformado, meu irmão olhou para meu pai e continuou a fazer pressão:

— Deixe eu ver se entendi: você vai gastar gasolina para atravessar a cidade e passar duas horas naquela loja quando pode comprar as mesmas coisas aqui na nossa rua, gastando só um pouco mais? Isso não faz sentido.

— Acabou? — perguntou meu pai, cortando o filho.

Meu irmão fechou a boca na mesma hora e abriu os ouvidos.

— Eu poderia levá-la até a mercearia para comprar os ovos de 59 centavos, mas não é isso que sua mãe quer. Ela quer ir ao shopping, então vou levá-la até lá. E, se não calar a boca, é você que vai levá-la.

Meu pai esperou minha mãe terminar de se arrumar e sentar no carro. Antes de sair, concluiu:

— Você não entende nada de mulheres. Não é uma questão de lógica, rapaz. É o que sua mãe quer. Que mal faz dar a ela o que ela deseja? Quero jogar cartas, por isso vou levar sua mãe aonde ela quiser ir e, à noite, poderei ir aonde quiser.

A arte da negociação.

Nesse dia aprendi uma das lições mais importantes que meu pai poderia me ensinar: mulher feliz, vida feliz. Fomos condicionados a agir como se mandássemos, mas o homem inteligente sabe que é a mulher da casa quem determina o tom do relacionamento e o que acontece no lar. Claro, nós sabemos que a maioria das mulheres não se incomoda de contar vantagem para as amigas: "Esse é o meu homem, ele é o chefe da casa!" A maioria até adota nosso sobrenome, e algumas deixam que tomemos certas decisões. A ideia é que, se você fizer essas coisas, no cômputo geral terá mais um pouco do que o seu coração deseja. Uma mulher dará a um homem um título honorífico desde que ele a coloque em um pedestal e lhe dê o que *ela* quer. Nenhuma mulher concordará em chamar o marido de chefe da casa se ele não agir como tal — o que inclui fazê-la sentir-se honrada, protegida e respeitada — e se não der, como gosto de dizer, tudo de que ela precisa e muito do que deseja. Mas adivinhe? O mesmo vale para os homens — talvez até mais.

Nós entendemos, respeitamos e vivemos de acordo com a arte da negociação. Para nós, tudo é uma troca; eu lhe dou se você me der algo também. Tentamos negociar desde pequenos. "Gosto dessa bolinha de gude com as manchas amarelas. Troco esta bolinha verde pela de manchas amarelas, e ainda lhe dou uma figurinha, que tal?" Se você entrar na cantina de qualquer escola, ouvirá todos os tipos de acordos sendo fechados: "Você trouxe batatas chips. Eu lhe dou dois reais e meu sanduíche em troca das batatas." O mesmo acontece na quadra esportiva: "Aposto que faço vinte cestas antes de você. E ainda lhe dou cinco de vantagem. Se eu ganhar, amanhã você me dá duas caixas de chicletes, ok?"

Estamos sempre tentando negociar alguma coisa. Isso faz parte da nossa lógica: você dá algo e também recebe algo. É assim que funciona no trabalho, é assim que agimos com nossos irmãos, primos e outros membros da família que sempre pedem nossa ajuda, e é assim que agimos com nossos amigos. Não estou dizendo que somos egoístas, de maneira alguma: acho que a principal característica do homem adulto — especialmente dos maridos, pais e homens que assumiram um relacionamento sério — é dar sem esperar nada em troca; nós sustentamos e protegemos nossas famílias porque sabemos que isso é o que se espera de um homem honrado. E também sabemos que muitas coisas precisam ser feitas sem a expectativa de retribuição. Mas a probabilidade de um homem fazer algo que não quer é maior se ele receber alguma coisa em troca.

Assim como pode motivar um homem a fazer mais por você e por sua família com demonstrações de apreço (como expliquei no capítulo 10, "Demonstre consideração"), também pode conseguir isso reconhecendo e colocando em prática os princípios da negociação. É muito simples: se quiser alguma coisa de seu parceiro, ofereça algo em troca. (E não, não estou falando apenas de sexo, apesar de que a maioria dos homens lavaria mais louça, arrumaria todas as camas, pentearia o cabelo da filha e limparia a geladeira todas as semanas se pudesse ter a cerejinha em troca.) Pare de perguntar por que você tem que negociar para conseguir que seu marido faça coisas que as mulheres normalmente fazem sem pensar. Por mais chateada que você fique com isso, por mais que você busque uma explicação, é assim que a maioria dos homens funciona. Seu trabalho é tentar tirar proveito disso — *descobrir como vencer dentro desses limites*. Pode acreditar: aprender a negociar com seu homem só lhe trará alegrias. Pergunte à minha mulher, mestre na arte da negociação.

Eu e Marjorie temos sete filhos: três dela e quatro meus. Isso significa casa cheia, por qualquer ângulo. Ser um bom pai em uma situação dessas — em qualquer situação — às vezes é muito difícil. Quando chego em casa, não quero ter que lidar com todos os dramas familiares, principalmente nos dez primeiros minutos, assim que entro. Na minha cabeça, é como se eu estivesse gritando: "Sei que precisamos conversar sobre as notas, que estão ruins; sei que a pequena quer passar a noite na casa da amiga e não confiamos muito nos pais da garota; sei que o outro quer convidar um amigo para vir aqui, e isso quer dizer que terei que conversar com o pai do menino, de quem não gosto. Mas não quero lidar com nada disso. Quero sentar, fumar um charuto, esquecer!" No entanto, por mais sobrecarregado que eu às vezes me sinta criando essa garotada, minha esposa tem uma tarefa ainda mais difícil porque é ela quem precisa cuidar de tudo o que acontece em casa. A cada hora que passo trabalhando fora, ela toma decisões e faz o que precisa para que tudo funcione. Por isso, se acho que cuidar das crianças é uma tarefa exaustiva, mal consigo imaginar como é para ela, principalmente quando não estou por perto.

No entanto, o fato de saber disso não significa necessariamente que me sinto disposto a cuidar das particularidades que envolvem os cuidados com uma criança. O que acaba me convencendo é a habilidade de Marjorie para negociar. Ela não tem qualquer dificuldade para falar: "Querido, se você ficar com as crianças enquanto vou ao shopping, poderá jogar golfe amanhã sem problemas."

De repente, estou lá para fazer o que ela quiser, participando de todas as conversas, disciplinando as crianças.

É uma troca: faço algo que não quero, ela recebe a ajuda de que precisa e eu ganho uma recompensa. Ela pede, eu atendo, e somos felizes. Outro exemplo do talento de Marjorie para negociar: não gosto de musicais. *Não suporto.* As pessoas ficam no palco falando sobre algo que não me interessa e de repente começam a cantar e a dançar. Não é essa a ideia que tenho de divertimento.

Na maioria das vezes, Marjorie vai com as amigas, depois vão jantar e fazem as coisas que as amigas fazem quando se reúnem. Mas de vez em quando ela me pede que a acompanhe, mesmo sabendo que eu preferiria sentar na cadeira do dentista e fazer tratamento de canal em todos os dentes. Eu vou porque Marjorie pratica a arte da negociação: ela me faz vestir um terno, ir ao teatro e depois a um restaurante japonês comer sushi, prometendo que vai fazer valer a pena quando chegarmos em casa. Ao ouvir uma proposta dessas sou capaz de fazer qualquer coisa. Posso ficar sentado em uma poltrona de teatro e ouvir as quarenta músicas de uma peça de cinco horas se tiver em mente a imagem da minha mulher quando voltarmos para o quarto mais tarde. Não ouço a música, e não conseguiria dizer o que aquelas pessoas estão falando no palco; fico só pensando no que Marjorie irá me mostrar quando chegarmos em casa.

E quando ela mostra — não apenas com sua cerejinha, mas também com expressões genuínas de gratidão — que aprecia meu esforço para dividir com ela suas paixões, sei que terei reciprocidade para curtir meus hobbies e algum tempo livre. Se ela me permite ter um momento para desaparecer do escritório e assistir a um programa na TV, folhear uma revista ou apenas ficar em silêncio, sei que preciso dar um jeito para que Marjorie também tenha tempo para fazer as unhas, arrumar o cabelo ou sair com as amigas.

Em outras palavras, conversamos e negociamos para fazer com que nosso casamento seja tranquilo. Garanto que as conversas e os acordos de trocas funcionam como mágica, mas apenas se estiver disposta a ter uma conversa civilizada com seu parceiro, deixando que ele saiba exatamente o que você deseja. Você não pode esperar que ele adivinhe, que chegue em casa e, antes mesmo de desfazer o nó da gravata, perceba que você passou a tarde inteira com as crianças, encheu a máquina de lavar duas vezes, levou um para o futebol e a outra à aula de balé, e que gostaria de ter — não, você realmente precisa —, um tempo para si mesma. Converse com ele, diga-lhe que está disposta a dar algo em troca, faça um acordo e depois aproveite os frutos do seu trabalho.

O mesmo pode ser dito para pessoas que se reúnem para fazer qualquer coisa juntas. Digamos que você e outra amiga decidam organizar uma reunião para a turma toda. Sua amiga pode ser melhor na cozinha, preparando e organizando os petiscos; você pode ter mais habilidade com as bebidas. Para que a festa seja um sucesso, precisam conversar sobre o tipo de reunião que desejam fazer, quem irão convidar e como irão dividiras tarefas. Sua amiga pode não querer fazer toda a comida, especialmente se a reunião acontecer após um longo dia de trabalho. E você pode não querer ficar o tempo todo cuidando das bebidas e preparando drinques. Mas chegarão a um acordo — você dará um jeito com as bebidas, se ela cuidar da comida — porque sabem que o trabalho de vocês contribuirá para que todo mundo se divirta.

Todas as vezes que você leva seus filhos ao mercado, faz um acordo: "Se vocês se comportarem enquanto faço as compras, ganharão um chocolate na saída." No trabalho, você negocia: "Se você reunir os dados estatísticos do relatório do ano passado, faço os cálculos e poderemos apresentar o novo relatório para o gerente." Na faculdade, faz acordos: "Eu ajudo com sua pesquisa se você me ajudar a entender este problema de matemática." No cabeleireiro, propõe: "Deixe o meu cabelo parecido com o de uma celebridade e lhe darei uma boa gorjeta, ou passarei o seu cartão para todas as mulheres que conheço."

Está vendo? Fazemos acordos o tempo todo para que todo mundo fique satisfeito. Por que não introduzir esse espírito na nossa relação?

Sabemos que a maioria de vocês não quer fazer sexo todas as noites e que os papéis que desempenham ao longo do dia — esposa, copeira, faxineira, mãe, voluntária — as desgastam. Vocês sabem que não gostamos de trocar fraldas, lavar louça ou ler histórias à noite como vocês fazem. Mas nas uniões mais bem-sucedidas, os parceiros se dispõem a mudar e fazer coisas que não querem para o bem da relação.

Para algumas de vocês, negociar é fácil. Nasceram com alma de diplomatas. Mas algumas não são conhecidas pela sutileza. Comece a conversa sem colocar seu homem na defensiva. Você não vai querer que ele pense que será acusado de fazer corpo mole. Nenhum homem vai querer conversar e negociar se achar que vai ser atacado. Você conhece o ditado "É mais fácil atrair as abelhas com mel"? Bem, nada se aplica melhor do que quando uma mulher está tentando negociar com o parceiro; nenhum homem gosta de ser pego de surpresa com acusações sobre o que está ou não fazendo. Com esse tipo de atitude, você só conseguirá afastá-lo ou provocar uma briga.

Em vez disso, comece perguntando o que você poderia fazer para ajudá-lo. Mostre que está feliz por tê-lo ao seu lado, mas admita que não é perfeita e que poderia fazer coisas para deixá-lo mais feliz. Eu sei, eu sei — você *é* perfeita. Mas seu parceiro não pensa assim. E tem medo de dizer isso. Mas, se você abrir a porta e permitir que ele expresse seus sentimentos sem pensar que será agredido por causa disso, será capaz de fazer uma lista com as coisas que gostaria que fizesse — você pode usá-las para negociar. Por isso fique calma, tranquila; prepare-se para aceitar o que ele disser sem agredi-lo. Ele pode estar querendo um pouco mais de tempo para si mesmo, mais sexo, mais dinheiro na poupança, mais sexo, mais tempo para jogar futebol nos fins de semana ou para jogar basquete com os amigos, mais sexo. O que quer que ele tenha a dizer, ouça com atenção e com a mente aberta.

E então surpreenda-o: diga-lhe que concorda com o que disse e que está disposta a lhe dar tudo isso — mais tempo para ele mesmo, para sair com os amigos, mais tempo no quarto com você — desde que ele concorde em fazer algumas coisas. Ele lhe dará toda a atenção que você deseja, pois estará farejando a "recompensa". Então você poderá pedir tudo o que quiser. Talvez você fosse mais feliz se tivesse mais tempo para si mesma, ou talvez precise de mais ajuda com as crianças ou com as tarefas da casa. Talvez você queira que ele ajude mais com a rotina da manhã, ou que seja mais proativo em relação a saídas e jantares a dois. Quaisquer que sejam suas necessidades, esteja preparada para conversar a respeito sem fazer julgamentos.

Uma vez apresentada a lista de cada um, a troca está feita. Agora, os dois sabem o que podem oferecer para conseguir um pouco do que cada um precisa — o compromisso que estão dispostos a assumir. É quando vocês chegam a um acordo.

Marjorie e eu fazemos isso mesmo quando estamos de férias. Na última vez, fomos para cabo San Lucas, no México, a fim de passar um tempo juntos, só nós dois. Mas deixamos claro que também queríamos um pouco de tempo só para nós. Apesar de não suportar o cheiro, Marjorie sabe o quanto gosto de um bom charuto; acho que é a melhor coisa para relaxar. Seguro a fumaça do charuto na boca enquanto inspiro e respiro, tomando cuidado para não deixá-la ir para os pulmões. Se for um bom charuto — não daqueles amargos, mas que tenha um sabor suave —, fico extremamente satisfeito. Sabendo disso, Marjorie organizou meus charutos e deixou tudo em ordem para que eu sempre tivesse um à mão e pudesse relaxar. Em troca, providenciei para que ela tivesse morangos e seu drinque favorito sempre que estivesse mais cansada, pois a fruta e a bebida a relaxam. Fizemos um trato, também, para dar espaço ao outro; ela concordou que eu fosse jogar golfe, e em troca ela passou um dia inteiro no spa. Quando nos vimos de novo, o encontro foi muito bom, estávamos elétricos. Em outras palavras, tivemos uma conversa, fizemos uma troca, negociamos e vimos o ótimo resultado em nossa relação.

Você não precisa ir para o México, comprar charutos caros ou drinques bacanas para conseguir o que precisa do seu homem. Tudo o que precisa fazer é praticar a arte da negociação, com diplomacia. Eis algumas dicas para conversas específicas que ajudarão em negociações importantes.

EXEMPLO **NÚMERO 1**

A CONVERSA: Querido, sei que você não tem muita paciência para colocar as crianças na cama à noite e contar uma história para elas. Depois de um dia de trabalho fazendo tanta coisa pelos outros, lidando com o chefe, enfrentando o trânsito para voltar para casa, correndo até a padaria para comprar o leite, sei que é difícil chegar e fazer qualquer coisa além de sentar na poltrona mais confortável que encontrar. Entendo perfeitamente. Mas eu gostaria de poder tomar um banho tranquilo à noite, mesmo que só algumas vezes por semana, para esquecer os problemas do trabalho, o trânsito, a preocupação com o jantar e as tarefas domésticas.

A TROCA: Se você colocar as crianças na cama pelo menos duas vezes por semana — trocar o pijama, ler uma história, ajeitá-los na cama —, posso encher a banheira, acender algumas velas, tomar um copo de vinho e relaxar um pouco no banho. Você também pode fazer isso; nós revezamos, e nas outras noites você poderá tomar seu banho sossegado.

A NEGOCIAÇÃO: Quanto mais tempo eu tiver para relaxar, sem precisar me preocupar em ter que botar as crianças para dormir, maiores as chances de ficar bem para passar momentos agradáveis com você.

O RESULTADO: Você terá uma folga das crianças; seu marido terá mais acesso à sua cerejinha.

EXEMPLO **NÚMERO 2**

A CONVERSA: Querido, passamos bastante tempo juntos, mas quando saímos com nossos amigos voltamos renovados e com vontade de aproveitar mais a companhia um do outro. Não seria bom se passássemos mais tempo com eles?

A TROCA: Se você me deixar sair com minhas amigas uma sexta-feira por mês, deixo você sair com os amigos um sábado por mês, e nos domingos aproveitamos o tempo juntos, só nós dois.

A NEGOCIAÇÃO: Quanto mais tempo passamos com nossos amigos, nos divertindo um longe do outro, maior será a vontade de ficar junto quando voltarmos a nos encontrar.

O RESULTADO: Vocês dois acabarão aproveitando mais o tempo que ficam juntos.

EXEMPLO **NÚMERO 3**

A CONVERSA: Sabe, gastamos tanto dinheiro pagando a prestação do carro, o financiamento da casa e todas as outras contas que não sobra nada para aproveitarmos um pouco. Não seria bom usufruirmos o fruto do nosso trabalho de vez em quando?

A TROCA: Se liquidarmos a fatura do cartão de crédito e você levar o almoço de casa, poderemos economizar bastante.

A NEGOCIAÇÃO: Podemos dividir o que pouparmos — cada um gasta um quarto como quiser, e guardamos o resto para fazer algo especial juntos.

O RESULTADO: Vocês dois conseguem um extra para suas despesas pessoais e trabalham juntos para um objetivo comum.

Está vendo? Todos saem ganhando. Mas não se esqueça de que você não pode negociar algo e depois voltar atrás. Nós homens somos rigorosos em relação às coisas acertadas verbalmente; por isso você não pode pegar o que queria e depois sair sem dar o que ele pediu em troca. É claro que o mesmo vale para os homens. Para que a negociação funcione, ambas as partes têm que arcar com o combinado. É aqui que seus padrões e nível de exigência — sobre os quais falei em *Comporte-se como uma dama, pense como um homem* — devem ser colocados em prática. Assim como fazia quando estava namorando — deixando claro o que queria, do que precisava e o que esperava da relação, todas as coisas que exigia de um homem para que ele conquistasse sua atenção e afeto —, você terá que exigir que seu parceiro cumpra o que for acordado. Não pode deixar que ele coloque as crianças na cama alguns dias durante três semanas e depois aceitar passivamente que ele faça isso apenas uma vez nas duas semanas seguintes e depois pare de ajudar de vez, ao passo que você continua cumprindo sua parte. Se isso acontecer, a frustração será ainda maior do que a que existia antes de vocês sentarem para negociar.

Você merece mais do que isso.

SÓ PARA AS DAMAS...

Usando a arte da negociação para manter seus padrões e níveis de exigência em um relacionamento

No início da relação, você não entregava a cerejinha para um homem que não a tratasse adequadamente; você a entregava se ele agisse de acordo com seus padrões e atendesse suas exigências. Mas, à medida que a relação se aprofunda, seu homem aos poucos tende a retroceder nas táticas que usava e na atenção que lhe dava para conquistá-la. É assim que as coisas funcionam. Conquistá-la é difícil, mas depois que conseguimos, nos acomodamos e deixamos de investir no romantismo porque estamos ocupados demais sustentando e protegendo vocês, e logo descobrimos que, mesmo que não nos esforcemos para atender seu nível de exigência no quarto, você não reclama. Você se entrega baseada nas emoções, e não nas ações de seu parceiro. Por isso ele esfria. Ele não esfrega mais os seus pés nem beija suas costas, mas continua exigindo que você lhe dê tudo o que quer — e isso a deixa frustrada.

O que fazer para que ele volte a ser o que era? Fale. Os homens não adivinham, e continuaremos fazendo as coisas da mesma maneira se você não deixar claro o que deseja — como fazia quando nos conhecemos. Se quiser ser feliz, não baixe a guarda. Inicie a conversa com um elogio; fale com sensualidade, diga que gosta do que ele faz — mantém a família unida, coloca comida na mesa, é um homem forte para você e para seus filhos. Depois abra o jogo: diga que sente saudade das coisas que ele fazia e que deixavam você subindo pelas paredes. Faça-o lembrar de tudo, em todos os detalhes; provoque. Garanto que ele será todo ouvidos. Afinal, a cerejinha é nosso assunto favorito. Certamente começará a pensar no que pode fazer para que você suba pelas paredes como antes.

Termine a conversa falando do que você adoraria mostrar a ele se essa chama voltasse a arder. É o sistema de recompensas — funciona sempre, mesmo em relação ao romance. Você não pode chegar cobrando "Você não me abraça mais, não me olha mais como antes!", porque ele responderá: "É mesmo? Bem, você não usa uma lingerie atraente há vinte anos, sua roupa de baixo é um horror. Quem vai querer chegar perto?"

Você deve usar seus atributos femininos em benefício próprio, mesmo depois de conquistá-lo.

Parte IV
Perguntas e mandamentos

Pergunte ao Steve

Respostas rápidas para coisas que você sempre quis saber

Quando *Comporte-se como uma dama, pense como um homem* foi publicado, viajei pelos Estados Unidos para divulgá-lo e participei de inúmeras conversas com mulheres. Em cada evento eu convidava a plateia a fazer perguntas sobre o sexo oposto. Aqui estão algumas respostas rápidas e singelas para as dúvidas mais recorrentes.

1. OS HOMENS ACREDITAM EM AMOR À PRIMEIRA VISTA?

Sim, acreditamos em amor à primeira vista. No entanto, esse sentimento baseia-se apenas no que vemos. Nós nos apaixonamos pelo que vemos inicialmente. Mas esse amor pode desaparecer depressa — você poderá perder o cara aos poucos quando ele começar a conhecê-la.

Ele pode decidir que você não é o que parece, que não pensa, não age e não tem o que ele achou que tivesse. É isso o que acaba com o romance. Propaganda enganosa. E, às vezes, simplesmente mudamos de ideia, sem que você tenha culpa de nada.

2. QUAIS SÃO OS MELHORES LUGARES PARA ENCONTRAR HOMENS?

Não existe um lugar específico. Você pode encontrar um homem em qualquer lugar. Conheci um cara que se casou com a mulher depois de bater no carro dela. Conheço outro que se casou com a advogada que cuidou do seu divórcio. Um dos meus amigos voltou para a primeira mulher, e outro se acertou com a garota que estava saindo com o filho dele. Você pode conhecer e se apaixonar por alguém em qualquer lugar, e é ridículo limitar as opções. É por isso que, no capítulo 7, "A apresentação é tudo", digo que você deve estar preparada; se está indo tomar um sorvete, se vai à lavanderia, ao hospital, ao parque, à academia — em qualquer lugar pode haver um homem à sua espera. Esteja aberta a tudo, em qualquer lugar.

3. OS HOMENS TÊM ALGUM PROBLEMA COM MULHERES DIVORCIADAS?

Não. Nada é problema para os homens quando se sentem atraídos por uma mulher. Se ele gostar de você, nada mais importa; ele irá se aproximar e ver o que acontece.

4. O QUE OS HOMENS PRECISAM PARA PERMANECER SEXUALMENTE INTERESSADOS APÓS O CASAMENTO?

Precisamos de variedade e espontaneidade. Não existe um homem que não goste disso. Pode ser que seu parceiro nunca tenha lhe dito isso. Mas faça sempre a mesma coisa e veja como isso vai afetar sua vida amorosa. Você não ficaria entediada se, depois de anos juntos, ele ainda lhe trouxesse as mesmas flores, cantasse as mesmas músicas e dissesse as mesmas coisas que trouxe, cantou e disse no primeiro encontro? Você não adoraria se, do nada, ele fizesse algo especial? Bem, com os homens não é diferente. Se quiser mantê-lo sexualmente interessado, coloque um par de sapatos de salto alto e espalhe algumas rosas na mesinha da cabeceira com um bilhete: "Em qualquer lugar a qualquer hora." Ele ficará interessado, pode acreditar. Encontre-o na garagem e faça algo antes mesmo de ele sair do carro. Apenas seja diferente. Ele sempre reagirá bem.

5. QUANDO UM HOMEM DIZ "NÃO É VOCÊ, SOU EU" OU "NÃO ESTOU PREPARADO PARA VOCÊ" AO TERMINAR UMA RELAÇÃO, ELE ESTAVA APENAS PESCANDO POR DIVERSÃO?

Não necessariamente. Às vezes ele está sendo honesto. Às vezes não quer ou mesmo não consegue lhe dar o que você deseja, e os caras honrados dirão isso às mulheres. Se ele disser "Você merece alguém melhor do que eu", encare essas palavras como uma bênção. Algumas mulheres insistem, tentam forçar a barra ou continuam investindo em um homem que já disse que não está preparado para um relacionamento sério. É claro que você não pode fazer a relação funcionar sozinha. Então, seja inteligente: agradeça pela honestidade e vá cuidar da sua vida.

6. O QUE UMA MÃE SOLTEIRA PODE ENSINAR AOS FILHOS PARA AJUDÁ-LOS A CRIAR RELAÇÕES SAUDÁVEIS COM O SEXO OPOSTO?

Evite conversar com seus filhos sobre o porquê de você e o pai deles não estarem juntos. Em vez disso, diga como gostaria de ser tratada, fale do que a faz sentir-se bem como mulher e como mãe. Eles vão se lembrar de que você gosta que lhe abram a porta, que puxem a cadeira para você se sentar, que a ouçam com atenção até terminar de falar, e que lhe digam a verdade. Fale de todas as coisas, grandes e pequenas, que eles precisarão lembrar e colocar em prática quando se envolver com uma mulher. Mas a melhor coisa que você pode fazer por seus filhos é dar a eles modelos masculinos fortes que possam seguir — homens que possam complementar o incrível trabalho de criar seus filhos.

7. POR QUE OS HOMENS CONTINUAM MENTINDO MESMO DEPOIS DE TEREM SIDO DESCOBERTOS E CONFRONTADOS? PRINCIPALMENTE QUANDO BASTA DIZER A VERDADE?

Porque sabemos que a verdade não fará nada por nós a não ser nos trazer mais problemas e magoá-las ainda mais. Vocês precisam entender que às vezes essa mentira, o fato de não darmos todas as informações, é a maneira que temos de evitar que vocês fiquem mais chateadas, indignadas e ressentidas do que já estão quando *suspeitam* de nós. A mentira, na verdade, tem mais a ver com controle de crises: não contamos toda a verdade porque isso colocaria mais lenha na fogueira. Você já está possessa com as informações que tem. Não faz sentido contar mais. Nenhum homem vai fazer isso. Você pode pensar o que quiser, mas ele está tentando sair com alguma dignidade da confusão que criou. Pode ter descoberto duas ou três leviandades, mas realmente acredita que vai revelar as outras trinta? De jeito nenhum. Porque sua reação será ainda pior. Queremos poupar seus sentimentos e evitar mais problemas.

8. POR QUE OS HOMENS PARAM DE TELEFONAR SEM DAR QUALQUER EXPLICAÇÃO?

Porque acabou. Vocês precisam de um encerramento oficial, os homens não; só precisamos acabar. Não precisamos saber por que não deu certo, não queremos tentar de novo, não questionamos a razão por trás das nossas decisões. Não gostávamos de conversar enquanto estávamos juntos; não vamos começar agora que nos separamos. Por isso, o melhor que as mulheres têm a fazer é esquecer. Acabou — siga em frente.

9. POR QUE OS HOMENS NÃO SE SENTEM À VONTADE PARA MOSTRAR SEUS SENTIMENTOS?

Porque desde a infância nunca nos ensinaram a fazer isso. Nossos pais, parentes, professores, amigos — todo mundo diz que os meninos não devem ficar tão emocionados quanto as meninas, que devemos agir como homens, parar de chorar. Somos criados para segurar e esconder nossas emoções. Por isso, aprendemos a mantê-las sob controle e a ficar em silêncio. Quando nos envolvemos em uma relação, temos deficiências na arte da comunicação com as mulheres porque nunca fomos expressivos. As mulheres aprendem e se expressam de maneira diferente; vocês andam de braços dados com as amigas, dançam juntas nas festas, se abraçam, se tocam enquanto conversam. Nós, homens, não nos tocamos nem nos beijamos no rosto. Aprendemos a fazer exatamente o contrário a vida toda e nos acostumamos com isso. E, francamente, não acho que você deva romper esse padrão. Você não pode andar chorando pela casa junto com seu parceiro. Sabemos muito bem que, assim que ele começar a chorar, você vai pegar o telefone e falar com as amigas: "Esse cara está chorando mais do que eu!" Você quer que ele seja homem, e não podemos ser tão sensíveis quando somos os responsáveis pela família. Você precisa que seu parceiro aja assim.

10. COMO FAÇO PARA QUE MEU PARCEIRO SEJA MAIS ESPONTÂNEO?

Dando-lhe motivos para ser espontâneo. É simples: se tiver recompensa, ele será. Isso não é novidade. Quando somos bons alunos, queremos uma estrelinha; quando participamos de uma corrida, queremos o troféu; quando conseguimos uma promoção, queremos um aumento. Por que abriríamos mão do sistema de recompensas na relação? Como eu disse no capítulo 12, "A arte da negociação", se você prometer algo em troca, seremos espontâneos o dia todo. E saiba que só queremos um pagamento: a cerejinha. É nossa medalha de ouro na relação.

11. OS HOMENS PREFEREM FAZER SEXO COM PARCEIRAS DIFERENTES EM VEZ DE COM AS MULHERES COM QUE SE RELACIONAM HÁ MUITO TEMPO?

Nós podemos fazer sexo diferente com as mulheres com quem nos relacionamos há muito tempo. Variedade é o tempero da vida. Pegue esta resposta curta e use como quiser.

12. POR QUE OS HOMENS NÃO GOSTAM DE DEMONSTRAÇÕES PÚBLICAS DE AFETO — MÃOS DADAS, BEIJOS ETC.?

Isso não é verdade. Eu seguro a mão da minha mulher aonde quer que eu vá e a beijo o tempo todo quando estamos num restaurante. Se o seu homem não gosta de fazer isso, talvez não goste de segurar a *sua* mão ou de beijá-la. Talvez não queira que alguém — a esposa, a namorada ou outra mulher por quem ele se interesse — saiba que vocês estão juntos. Se quiser que ele seja mais carinhoso em público, pegue a mão dele, beije-o quando sentir vontade (e for apropriado), abrace-o. Se ele gostar de você, retribuirá a demonstração de afeto sem se importar com quem está vendo.

13. SE UM HOMEM ME APRESENTA AOS AMIGOS, SIGNIFICA QUE ESTÁ REALMENTE INTERESSADO EM MIM?

Pode ser, mas, se ele não a apresentar aos amigos, é evidente que não está interessado. Se ele não se sentir orgulhoso de você, ou se quiser manter o relacionamento em segredo, jamais a apresentará aos amigos.

14. O QUE FAZ OS HOMENS FELIZES?

A cerejinha.

15. O QUE O HOMEM CONSIDERA UMA BOA MULHER?

Bem, cada homem pensa uma coisa. Alguns gostam das mulheres que trabalham e contribuem financeiramente para a relação. Outros querem que as mulheres fiquem em casa e cuidem da família. E há aqueles que gostam de mulheres estonteantes e superinteligentes. Mas, no fim das contas, todos nós queremos a mesma coisa, independentemente do quanto a mulher contribui para a conta no banco, para o trabalho na casa ou de quanto se produz para ficar superatraente: precisamos de uma mulher leal, que nos dê apoio e que esteja disposta a nos dar sua cerejinha regularmente. Se você falhar em uma dessas coisas, não será uma boa mulher para homem nenhum.

16. O QUE OS HOMENS PROCURAM PARA DETERMINAR SE VOCÊ É "PARA CASAR"?

Primeiro, deixe-me explicar uma coisa: você jamais será considerada "para casar" por todos. Por favor, diminua a pressão sobre si mesma. Você só será "para casar" para o homem que a estiver procurando e se preencher os requisitos. Mas, se esse cara não estiver interessado num relacionamento longo, não adianta cozinhar, limpar, não importa a qualidade do sexo, não adianta se você é inteligente, rica: ele não irá pedi-la em casamento. No entanto, posso dizer que as mulheres "para casar" têm uma coisa em comum: todas exigem casamento. Não conheço uma única mulher que tenha se casado de surpresa, como: "Nossa, como foi que isso aconteceu?" O dia e o modo como ele a pede em casamento podem ser uma surpresa, mas você sabe que esse dia vai chegar porque é uma das suas exigências.

17. POR QUE OS HOMENS FICAM TÃO CHATOS DEPOIS DO CASAMENTO?

Em geral porque vocês começaram a aceitar que ele faça sempre as mesmas coisas, então não tem mais motivos para inventar algo excitante. Coloque o sistema de recompensas em funcionamento, e você terá novamente toda a excitação do início da relação. Quer sair mais vezes para jantar? Então fale. Quer assistir a mais shows, peças de teatro, passear no parque? Diga a ele. Depois lhe dê alguma recompensa pelo que ele fez por você.

18. OS HOMENS PERDEM O INTERESSE POR MULHERES QUE PENSAM MUITO NA CARREIRA E NOS FILHOS?

Não. E você jamais deve parar de se esforçar no trabalho ou de cuidar dos filhos para agradar um homem. Se você trabalha para pagar suas contas e participa da educação e das atividades extracurriculares de seus filhos, se está trabalhando muito para dar uma boa vida a eles, seria algo completamente irracional parar com tudo para agradar um homem. Uma grande besteira. Você deve rejeitar um cara que tenha algum problema com o fato de você fazer o que precisa para cuidar da sua família.

19. COMO OS HOMENS SE SENTEM EM RELAÇÃO AOS ENCONTROS ON-LINE?

Depende do homem — e também da mulher. Mas atualmente é quase impossível evitar, pois a tecnologia está se transformando em um instrumento cada vez mais útil na vida das pessoas. Acho que você pode poupar muito tempo e sofrimento se conversar on-line com o sujeito antes de encontrá-lo pessoalmente. Você pode descobrir muita coisa antes de perder seu tempo com encontros que não levam a nada. E não subestime o poder do Google e dos sites de encontros, pois são boas ferramentas para fazer contato com o sexo oposto e descobrir mais sobre a pessoa com quem você está lidando antes de conhecê-la pessoalmente.

20. QUAIS SÃO AS DICAS PARA ENCONTRAR O AMOR NA INTERNET? AS REGRAS SÃO AS MESMAS?

As regras são as mesmas. Você tem que dar um tempo, conhecer a pessoa, fazer as perguntas certas, investigar até descobrir a verdade e ser muito cuidadosa. E, acima de tudo, precisa lembrar que o importante não é o que dizem, mas o que fazem, mesmo on-line.

21. OS HOMENS CONSIDERAM ACEITÁVEL SAIR COM A EX DE UM AMIGO?

Para a maioria dos homens isso é proibido. Acontece? Claro. Mas essa é uma linha que não pode ser ultrapassada com um verdadeiro amigo porque, para nós, você sempre será a garota dele, e nunca começaremos nada com a mulher de um amigo. É quase certo que você se machucará nesse tipo de situação.

22. COMO OS HOMENS SE SENTEM QUANTO AOS RELACIONAMENTOS A DISTÂNCIA? PODE DAR CERTO?

Pode funcionar se o homem quiser. O primeiro desafio é a confiança: ele realmente é quem diz ser e está fazendo o que diz estar fazendo? Não há muitas chances de verificar essas coisas. O que vocês precisam é determinar se podem fazer algo para se aproximar e, nesse meio-tempo, estabelecer padrões e regras que funcionem para ambos.

Mas seja clara: não há muitas maneiras de controle se ele não mora perto de você. Não seja ingênua: ele fica sentado, girando os polegares, esperando pelo próximo encontro? Ou tem alguém para lhe dar um pouco de satisfação enquanto espera por você?

23. COMO OS HOMENS SUPERAM O SOFRIMENTO CAUSADO POR RELACIONAMENTOS AMOROSOS?

A maioria segue em frente. Procuramos outra pessoa. Ficamos machucados? Claro, mas seguimos em frente, feridos, com os ossos quebrados. Fazemos uma pausa, um momento de arrependimento, e depois superamos da melhor maneira que sabemos: encontrando outra pessoa. Entendemos claramente que a melhor maneira de superar uma relação é começar uma nova. A vida continua.

24. A IDADE É REALMENTE IMPORTANTE?

Se um cara jovem está pensando se deve se envolver com uma mulher mais velha, a idade é importante. Estamos tentando determinar como ela será daqui a dez anos, como será nossa convivência e se ela irá envelhecer bem. Na situação inversa, a idade também importa. Quando um homem chega à maturidade, tem consciência da juventude da mulher. O homem centrado e maduro não está procurando alguém para criar. Ele quer alguém que já tenha crescido. Mas a diferença de idade que um homem considera aceitável realmente depende de cada um.

25. O QUE OS HOMENS ACHAM DAS MULHERES QUE MEXEM EM SEUS TELEFONES E USAM OUTRAS TÁTICAS PARA DESCOBRIR SE ESTÁ SENDO HONESTO?

Eles odeiam isso.

26. SE UM HOMEM LHE DIZ QUE PRECISA DE "UM TEMPO", ISSO SIGNIFICA QUE ESTÁ QUERENDO ROMPER DE VEZ?

Esse é o maior sinal de alerta que um homem pode dar. Quando ouvir isso, erga a bandeira branca, pegue as crianças e vá para a casa da sua mãe porque ele acaba de terminar com você delicadamente. Está dizendo que vai parar de telefonar, que não quer vê-la e que está dando um tempo no sexo... com você. Está cansado de você. Esse é o aviso de que acabou — ele vai tocar a vida dele. E você também deveria fazer isso.

27. COMO OS HOMENS SE SENTEM EM RELAÇÃO AOS "TOQUES" QUE AS MULHERES DÃO PARA MOSTRAR QUE SE SENTEM ATRAÍDAS POR ELES?

Gostamos dos toques e da paquera declarada também. A menos que não estejamos interessados.

28. QUANDO SE ENVOLVEM COM AMIGAS, OS HOMENS A TRATAM DA MESMA MANEIRA QUE TRATARIAM UMA ESTRANHA COM QUEM SE ENVOLVESSEM?

Olhe, vocês só serão amigos se ele não vir nenhuma possibilidade de se envolver com você. Se isso aconteceu, é porque ele estava de olho em você desde o primeiro dia. Aceitou a amizade porque não pensou que você iria querer outra coisa. Assim que você permitir que ele seja mais do que amigo, é um caminho sem volta, e todas as apostas estarão erradas se não der certo para os dois — a menos, é claro, que vocês concluam que é melhor voltarem a ser amigos. Mas não será fácil voltar àquele espaço depois de ter ultrapassado o limite entre amizade e amor.

29. QUANDO SE TRATA DE COMPROMISSO, OS HOMENS SÃO INFLUENCIADOS PELOS AMIGOS?

Sim, com certeza. Se ele está seriamente comprometido e todos os amigos são solteiros, curtindo e pescando por diversão, quando sai com eles a associação traz participação. Depois de um tempo, fica difícil comportar-se bem. Mas isso também funciona no sentido oposto: se todos os amigos estão envolvidos em relacionamentos sérios e ele é o único solteiro, deve procurar pelo menos agir corretamente. Esse é o caso do meu círculo de amigos: os quatro caras com quem costumo viajar estão comprometidos, e os homens solteiros que saem conosco de vez em quando sabem que têm que ficar de boca fechada ou esconder a loucura.

30. OS HOMENS GOSTAM DE ROMANCE? O QUE ELES CONSIDERAM ROMÂNTICO?

Sim, os homens gostam de romance e serão românticos enquanto for exigido deles. Mas você precisa saber que, para nós, romance geralmente significa que vamos chegar a algum lugar. Desculpe, mas é assim que pensamos. Precisamos que nos lembrem de vez em quando que ficar abraçado é só isso: ficar abraçado. Quando uma mulher começa a ficar romântica, nós já pensamos: "Ok, aqui vai mais uma tentativa de conseguir a cerejinha." Às vezes conseguimos, às vezes não, mas estamos sempre tentando. Pensamos da seguinte maneira: "Ela está sendo romântica por algum motivo." Isso é certo, ou justo? Não. Mas é assim que funciona. Por isso, assuma o risco de ser romântica por sua conta.

31. OS HOMENS CONSEGUEM CONTINUAR A SER AMIGOS DA EX SEM SE SENTIREM SEXUALMENTE ATRAÍDOS POR ELA?

Sim, podemos ser amigos. A maioria dos divórcios acontece de maneira ruim, geralmente com muito ódio de ambas as partes.

Mas podemos passar essa fase e ser educados com a ex, sem sentir qualquer atração sexual, claro. Mas se a ex é alguém com quem apenas namoramos, pode ser mais complicado, especialmente se o homem estiver em um compromisso sério. Nessas circunstâncias, não recomendo a amizade com a ex. Ninguém apaga todas as lembranças, então sair com quem você já teve alguma intimidade pode ser como fogo no palheiro. Você sabe o que os homens procuram e sabe que, se ele já teve isso antes, vai ser difícil ignorar quando lhe é oferecido novamente. Não estou sugerindo que os homens não tenham força de vontade para ser fiéis, mas acho que é melhor manter uma certa distância entre todos os envolvidos.

32. OS HOMENS FICAM TÃO CHATEADOS QUANTO AS MULHERES QUANDO ELAS ESQUECEM ANIVERSÁRIOS E DATAS ESPECIAIS?

Não demonstramos, mas ficamos magoados quando os momentos importantes são esquecidos. Gostamos de ser paparicados tanto quanto vocês.

33. SE UM HOMEM VIVE MANDANDO MENSAGENS DE TEXTO, SIGNIFICA QUE ESTÁ A FIM DE VOCÊ?

Não significa nada. Esse mesmo texto pode ter sido enviado para várias mulheres ao mesmo tempo, e ele pode reenviar para mais meia dúzia. Um homem mostra que está a fim de você falando pelos métodos tradicionais — por telefone, pessoalmente, marcando um encontro. Mensagens de texto não querem dizer nada. Os homens interessados querem estar perto, ver o seu rosto.

34. POR QUE OS HOMENS SÃO TÃO EXIGENTES?

Vocês também não são exigentes em relação aos homens? Está vendo? É isso o que acontece: não vamos mudar nossos padrões. Se você não se cuidar, se parar de se preocupar com seu peso, se não se enquadrar no que estamos procurando, vamos começar a levantar barreiras. Queremos o que queremos e não vamos nos acomodar para ter uma esposa. As mulheres fariam melhor se fizessem como os homens e mantivessem seus padrões para ter exatamente o que desejam no homem que merecem ter.

Para os homens... Dez mandamentos para agradar uma mulher

1. ***Tu lhe darás tempo livre*** – Organize-se para que ela tenha tempo de fazer um curso ou de dedicar-se a um hobby que está sempre adiando por estar muito ocupada com a casa ou com as crianças; assim, ela poderá fazer algo de que gosta.

2. ***Tu te lembrarás das coisas pequenas*** – Massageie as costas ou os pés dela, prepare-lhe um banho e deixe-a descansar, sem que ela precise lhe dar a cerejinha como recompensa.

3. ***Tu encontrarás sempre novas maneiras de dizer "Eu te amo"*** – Bilhetinhos apaixonados rendem muito. Coloque um na carteira, na pasta ou na sacola com o almoço sem mais nem menos. Vai gostar de saber que você estava pensando nela e que sentiu vontade de lembrá-la que você a ama sem que pedisse.

4. ***Tu marcarás presença*** – Lave a louça, coloque a roupa na máquina, limpe o banheiro ou faça qualquer outra coisa que ela costuma fazer. Se não puder ou não quiser fazer isso, contrate alguém que faça. Assim ela não terá que dar conta de tanta coisa e ficará grata pela ajuda.

5. ***Tu ajudarás com as crianças*** – Ofereça-se para colocá-las na cama algumas noites por semana ou ajude-as com o dever de casa. É muito útil.

6. ***Tu dominarás a arte das preliminares*** – Se a luz de velas e uma música suave costumavam estabelecer um clima romântico, mas você não usa esse artifício há anos, seja romântico de novo. Ela gostará do esforço e responderá na mesma moeda.

7. ***Tu respeitarás os compromissos dela*** – É claro que você poderá ficar até mais tarde no trabalho ou aproveitar o fim de semana para jogar bola com os amigos sem precisar brigar por isso, mas é melhor que você coordene sua agenda com a dela em vez de presumir que ela cuidará das crianças, da casa e do que mais estiver reservado para a família durante o fim de semana enquanto você se diverte.

8. ***Tu lhe mandarás flores sem motivo*** – Não espere pelos aniversários ou datas especiais para cobri-la com as coisas de que ela gosta. Um simples buquê de rosas ou uma caixa do seu chocolate favorito é um gesto de delicadeza para mostrar que você estava pensando nela.

9. ***Tu te lembrarás da regra de ouro*** – "Você pode ser feliz ou estar certo."

10. ***Tu estarás sempre ao lado dela*** **–** É claro que você aprendeu com sua mãe que ela está sempre certa. A mulher com quem você dorme à noite deve sentir que você sempre a apoiará, não importa contra quem. Ela lhe dará o mesmo apoio.

Glossário de termos usados por Steve

A regra dos noventa dias: período de experiência em que a mulher rejeita o envolvimento sexual até descobrir se o homem está realmente interessado nela e quais são suas intenções.

As cinco perguntas: perguntas que toda mulher deveria fazer a um homem para avaliar o que ele quer da vida e do relacionamento. Isso pode ajudar as mulheres a entender quais são os valores dele e como ele se encaixa em seus planos. As perguntas são: Quais são seus objetivos de curto prazo? Quais são seus objetivos de longo prazo? O que você pensa de relacionamentos? O que você acha de mim? O que você sente por mim?

As três coisas de que todo homem precisa: apoio, lealdade e a cerejinha.

As três atitudes: as três maneiras que os homens têm de demonstrar seu amor pela parceira: declarando-se a ela, protegendo-a e sendo-lhe um provedor.

Bagre: garota de festa, que não tem regras, níveis de exigência ou respeito por si mesma; que não cobra nada; ou uma mulher que não tem a menor ideia de como lidar com os homens.

Cerejinha: sexo.

Garoupa: mulheres que têm padrões e níveis de exigência em um relacionamento; que se portam de maneira respeitosa e que exigem ser tratadas com respeito.

Modo-solução: quando os homens resolvem não falar, ponderar e ruminar um problema e apenas procuram fazer o que for necessário para eliminá-lo com o mínimo possível de drama.

O que motiva os homens: quem são (cargo), o que fazem (trabalho, carreira) e quanto ganham.

Padrões e níveis de exigência: expectativas que as mulheres têm e as regras que estabelecem para os pretendentes potenciais.

Pesca por diversão: quando um homem namora uma mulher sabendo que não tem intenção de assumir qualquer compromisso sério com ela.

Precisamos conversar: as duas palavras mais assustadoras que um homem pode ouvir.

Agradecimentos

Tenho uma dívida de gratidão com algumas pessoas incríveis. Minha editora, Dawn Davis, que acreditou que eu poderia escrever um livro... e depois me deu todo o apoio com uma ética profissional que poucas vezes vi na vida. Jill Jamison, que acompanhou todo o processo de escrita do livro e deu dicas preciosas para que eu mantivesse o foco. Agradeço especialmente a Shirley Strawberry, que, com sua natureza inquisitiva e questionamentos incansáveis, me obrigou a ir cada vez mais fundo para satisfazer minhas leitoras; ela também leu várias vezes os originais, inclusive em voz alta, recusando-se a me deixar cochilar nas últimas releituras.

Este livro também não existiria sem os milhões de leitoras que compraram *Comporte-se como uma dama, pense como um homem*. Sua reação e seus questionamentos me motivaram a ir além e a investigar a mente dos meus colegas para produzir um livro que considero tão importante quanto o primeiro. Os dois juntos fornecem um bom conhecimento.

Meu sócio e melhor amigo, Rushion McDonald, trabalha nos bastidores, mas sua ética profissional, sua inteligência e sua habilidade promocional ajudam não apenas na divulgação de meus livros, mas em todos os esforços que empreendemos em muitas frentes de trabalho nos últimos vinte anos. Nada do que fizemos foi fácil, mas tudo tem sido muito gratificante. Obrigado, meu amigo.

Agradeço também a Denene Miller, que digitou, editou e riu durante todo o projeto, ajudando a modificar meu processo de pensamento e padrão de escuta em um texto inteligível. Agradeço pelas dicas, perguntas e devoção ao projeto. Obrigado, obrigado, obrigado.

Agradeço à minha família, grande demais para que eu possa mencionar individualmente. Amo todos os meus filhos.

E agora minha parte favorita: minha esposa, Marjorie... Eu não conseguiria colocar no papel o que ela significa para mim. Eu me transformei na pessoa que sou ao longo destes últimos anos por causa dessa maravilhosa bênção que recebi, chamada Marjorie. Ela prova que Deus sabe do que precisamos, muito mais do que nós mesmos. Em toda a minha vida e em minha imaginação jamais pensei que pudesse existir algo assim para mim. Ela me permite ser melhor; me incentiva e espera que eu seja melhor. Porém, acima de tudo, ela demonstra seu apreço quando chego lá. E por isso sou capaz de mover céus e terras por ela. Eu poderia dizer uma centena de coisas a respeito dela, mas vou deixar para outro livro. É por causa de Marjorie que consigo dividir com vocês tanta coisa da nossa jornada. Ela é "a bomba". Eu amo minha garota.

Sem DEUS, eu estaria perdido. Sua orientação não tem falhas. O Senhor me levou muito além do que jamais sonhei. O Senhor me deu mais do que esperança. O Senhor foi além de todas as minhas expectativas e, ao mesmo tempo, abriu minha mente para receber ainda mais inspiração. Não sei aonde tudo isso vai me levar, mas estou disposto a seguir porque sua visão e sua orientação não têm limites. Por isso, por favor, não pare de fazer o que está fazendo.

Seu soldado imperfeito, Steve... DEUS ainda não terminou seu trabalho comigo.

Produção editorial
Ana Carla Sousa
Gabriel Machado

Revisão de tradução
Rachel Agavino

Revisão
Flávia Midori
Rodrigo Ferreira

Projeto gráfico
Ana Dobón

Diagramação
Celina Faria

Este livro foi composto em Bembo Std, corpo 12/16, e impresso pela Ediouro Gráfica sobre papel pólen soft 70g/m² para a Agir em abril de 2011.